ADAC

Bodensee

von Margrit Philipp

10 ADAC Top Tipps

Das müssen Sie gesehen haben! Die zehn Top Tipps bringen Sie zu den absoluten Highlights.

25 ADAC Empfehlungen

Unterwegs gut beraten: Diese 25 ausgesuchten Empfehlungen machen Ihren Urlaub perfekt.

Preise für ein DZ mit Frühstück:
€ | bis 100 €
€€ | bis 150 €
€€€ | ab 150 €

Preise für ein Hauptgericht:
€ | bis 10 €
€€ | bis 15 €
€€€ | ab 15 €

1 Birdwatching im Rheindelta

Im Naturschutzgebiet Rheindelta zwischen dem Alten Rhein und der Bregenzer Ach mit Flachwasser, Schilfröhricht, Feuchtwiesen und Auwäldern überwintern, brüten oder rasten über 330 Vogelarten. Johanna Kronberger, Ornithologin und Leiterin von BirdLife Vorarlberg, bietet Birdwatching-Touren zu den Schleienlöchern an, wo unter ihrer Anleitung Flora und Fauna gesichtet und zu einem wunderbaren Erlebnis wird (1,5 Std.).

■ Termine, Preise, Anmeldung Tel. 00 43/664/915 53 10, mail@birdlife-vorarlberg.at

3-mal draußen

2 Lindauer Gartenkulturpfad

Auf diesem 11 km langen Spaziergang durch das Lindauer Festland mit Parkanlagen, prachtvollen Villen, Streuobstwiesen und Weinbergen weiten sich traumhafte Postkartenblicke auf die Insel und den Bodensee. Besonders der Lindenhofpark im Stadtteil Bad Schachen lädt mit seinen vielen alten Bäumen im Grünen zur Tiefenentspannung ein.

■ Wegbeschreibung mit interaktiver Karte unter www.lindau.de/touren (Gartenkulturpfad: Villenparks, Weinberge und Streuobstwiesen)

3 Gartenparadiese – Oasen am Bodensee

Lust auf ein uriges Picknick, einen guten Tropfen Wein auf einer der malerischen Gartenterrassen, eine Radtour von Garten zu Garten oder einfach auf erholsames Verweilen in einer Parkanlage? Die Vierländerregion bietet eine Vielzahl von Genussangeboten in wunderbar herausgeputzten Gärten und Parks. Das Netzwerk der »Bodenseegärten« vereint mehr als 40 Orte und Plätze und lädt ein zu einer Entdeckungsreise in die blühenden Landschaften rund um den See.

■ Öffnungszeiten und Eintrittspreise unter www.bodenseegaerten.eu

Seite 16

Intro

3-mal draußen ... 2

Impressionen ... 8
Reiseerlebnisse à la carte in der Vierländerregion

Auf einen Blick ... 11

Magazin

Panorama ... 12
Das sieht nach Urlaub aus!

Beste Reisezeit ... 18
Frühling, Sommer ... 18
Herbst, Winter ... 20

So schmeckt's rund um den Bodensee ... 22
In aller Munde ... 25

Einkaufsbummel ... 26
Das perfekte Souvenir ... 27

Mit der Familie unterwegs ... 28
Übernachten mit Kindern ... 28
Urlaubskasse ... 29
Kleine und große Abenteuer ... 30
Tipps bei Regenwetter ... 31
Leuchtende Augen ... 31

Gartenkunst am Bodensee ... 32
Große Namen und ihre Gärten ... 32
Barocke Parkanlagen ... 34
Oasen städtischer Gartenkultur ... 34

Kunstgenuss ... 36
Der Bildhauer Peter Lenk ... 39

So feiert die Region ... 40
Das Seenachtfest in Konstanz ist ein Erlebnis für die ganze Familie

Der Bodensee – gestern und heute ... 42
Am Puls der Zeit ... 45

Seite 56

Seite 19

Orte, die Geschichte schrieben 46
Habemus Papam – ungewöhnliche Papstwahl im Konstanzer Kaufhaus

300 Jahre Liechtenstein 48
Es darf ausgiebig gefeiert werden

Das bewegt die Region 50
Bodenseefeeling ohne Weiße Flotte – einfach unvorstellbar!

ADAC Traumstraße 52
Eindrucksvolle Rundreise mit viel Natur und Kultur

Von Meersburg zum Schloss Arenenberg 52
Von Salenstein nach Stein am Rhein 53
Auf dem Weg zu Otto Dix und Hermann Hesse 54
Rund um den Zeller See zur Mettnau 55
Über den Bodanrück nach Bodman-Ludwigshafen 56
Birnau-Blick auf den Überlinger See 57
Übernachtungsmöglichkeiten 57

Seite 32

Im Blickpunkt

Das Wollmatinger Ried 74
»Höri-Bülle« und Genussurlaub an Bord 76
Felchen, Kretzer, Zander & Co. 82
Gartenparadiese am Bodensee 84
Die »Landshut« in Friedrichshafen 102
Die Zeppelinstadt Friedrichshafen 105
Seehasenfest mit Großfeuerwerk 108
Schloss Montfort – einst königlicher Sommersitz 113
St. Galler Bratwursterbe 154

Unterwegs

ADAC Quickfinder

Das will ich erleben 60

Konstanz und Umgebung 64

1 Konstanz 66
2 Insel Mainau 78
3 Insel Reichenau 79
4 Gaienhofen 81
5 Radolfzell 83
6 Singen 84
Übernachten 87

Überlinger See und Obersee 88

7 Stockach 90
8 Bodman-Ludwigshafen 90
9 Sipplingen 91
10 Überlingen 92
11 Uhldingen-Mühlhofen 94
12 Salem 96
13 Meersburg 97
14 Hagnau 99
15 Friedrichshafen 100
16 Tettnang 108
17 Ravensburg 109
18 Eriskirch 111
19 Langenargen 112
20 Kressbronn 114
21 Wasserburg 115
22 Lindau 116
Übernachten 122

Bodenseeufer Österreich-Vorarlberg 124

23 Bregenz 126
24 Dornbirn 131
25 Hohenems 132
26 Feldkirch 134
Übernachten 135

Seite 107

Seite 145

Fürstentum Liechtenstein 136

27 Vaduz 138
28 Triesenberg 140
29 Malbun 140
30 Balzers 141
Übernachten 143

Ostschweizer Bodensee ... 144

31 Säntis 146
32 Appenzell 146
33 St. Gallen 148
34 Heiden 156
35 Rorschach 157
36 Arbon 159
37 Romanshorn 160
38 Kreuzlingen 162
39 Ermatingen 164
40 Schloss Arenenberg 165
41 Steckborn 165
42 Stein am Rhein 166
43 Diessenhofen 167
44 Rheinfall bei Neuhausen 167
Übernachten 169

Zu diesen Orten und Sehenswürdigkeiten finden Sie Detailkarten im Innenteil des Reiseführers.

Service

Bodensee von A–Z 173

Alle wichtigen reisepraktischen Informationen – von der Anreise über Notrufnummern bis hin zu den Zollbestimmungen.

Festivals und Events 178
Chronik 184
Register 186
Bildnachweis 189
Impressum 190
Mobil vor Ort 192

Umschlag:

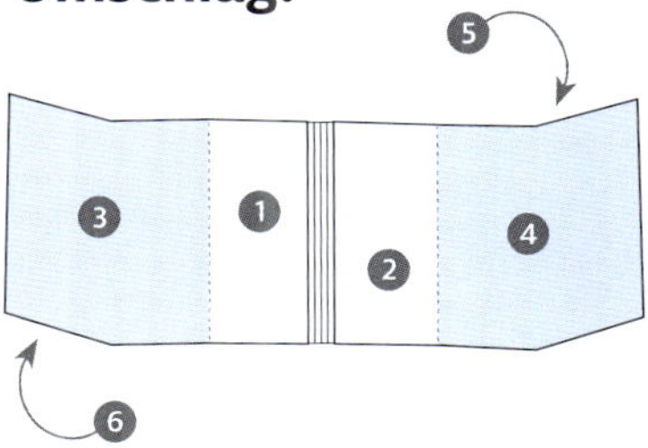

ADAC Top Tipps: Vordere Umschlagklappe, innen 1

ADAC Empfehlungen: Hintere Umschlagklappe, innen 2

Bodenseeregion West: Vordere Umschlagklappe, innen 3
Bodenseeregion Ost: Hintere Umschlagklappe, innen 4
Stadtplan Konstanz: Hintere Umschlagklappe, außen 5
Ein Tag in Konstanz: Vordere Umschlagklappe, außen 6

Reiseerlebnisse à la carte in der Vierländerregion

Es ist besser, den magischen See einmal selbst zu erleben, als tausendmal davon zu hören und zu lesen

Besonders schön ist es, sich dem malerischen Meersburg mit dem Schiff zu nähern

Am Bodensee gleicht kein Tag dem anderen. Wind und Wetter sowie die wechselnden Lichtverhältnisse lassen die Bergwelt und den See wie in einem magischen Naturschauspiel ständig verändert erscheinen. In diesem Rausch der Sinne ist eine Schifffahrt mit der Weißen Flotte auf dem Obersee vor der imposanten Alpenkulisse und über den eher einem Flussdelta gleichenden Untersee ein unvergessliches Bodenseeerlebnis.

Historie, Kunst und Kultur – wohin man auch schaut

Der Bodensee selbst kennt keine Grenzen in seinem Gewässer, er gehört allen Staaten gleichermaßen – abgesehen vom Überlinger See, der allein dem deutschen Hoheitsrecht unterliegt. Die beinahe unerschöpfliche Erlebnisvielfalt an den Bodenseeufern Deutschlands, Österreichs und der Schweiz sowie im nahen Fürstentum Liechtenstein lockt jährlich rund sieben Millionen Touristen an. Ganz oben auf der Beliebtheitsskala der Individual- und Gruppenreisenden stehen die Erkundung der Blumeninsel Mainau und ih-

rer Geschichte, die Insel Lindau und der Besuch von Bregenz zur Zeit der Bregenzer Festspiele mit ihren spektakulären Opernaufführungen auf der weltweit größten Seebühne als Highlight. Bodenseestädte wie Konstanz, St. Gallen, Vaduz, Meersburg, Überlingen, Unteruhldingen, Friedrichshafen und Umgebung punkten bei Kulturtouristen ebenfalls mit historischen Kunst- und Kulturschätzen allerhöchsten Rangs. Weltkulturerbestätten, Kirchen, Klöster, Schlösser, Burgen und Museen sind faszinierende Zeugnisse der einst prähistorischen, später geistlich-weltlichen und neuzeitlich industriellen Bedeutung dieser Region, die durch Ferdinand Graf von Zeppelin und Claude Dornier ein anerkanntes Zentrum der Luftfahrt wurde.

Bodenseeurlaub ist Aktivurlaub

Auf den Bodensee-Radwegen lässt sich Strecke machen, im Kanu entlang der Ufer sportlich paddeln oder auf einem der vielen Wanderwege durch Gärten,

Mit dem Rad die wunderschöne Landschaft erkunden (unten) – Typisch Bodensee sind die Äpfel (ganz unten)

Weinplantagen und Hügel spazieren – jedoch nicht ohne sich mit Weinen und Spezialitäten aus der Region zu stärken. Die Ausflugsberge Säntis, Pfänder und Hohentwiel bieten Panoramablicke auf Alpen und See und sind auch für Kinder traumhafte Erlebnisse. »Bergziegen« begeben sich zum Kraxeln auf den Weg nach Vorarlberg, in die Ostschweiz und ins nahe Liechtenstein, wo Skifahrer im Winter gut präparierte Pisten vorfinden. Im Moor entspannen, in heißen Quellen baden oder den Kreislauf beim Treten im eiskalten Wasser in Schwung bringen, das tut der Gesundheit gut. Slow Food, Fastenküche, Massagen und lange Spaziergänge bringen Körper, Geist und Seele am Bodensee wieder in die nötige Balance.

»Und schwellende
Wellchen spielen,
und goldene Dampfer kielen
leise den lichten Lauf;
und hinter den Uferzielen
tauchen die vielen,
vielen Silberberge auf.«

Rainer Maria Rilke (1875–1926)

Stille Adventszeit

Mitte Oktober stellen die Kursschiffe der Weißen Flotte den Kursverkehr ein, und viele Gaststätten und Hotels schließen ihre Pforten. Es wird ruhig am See, wenn die stolze Seefontäne in Friedrichshafen nicht mehr sprudelt, die Brunnenwasser nicht mehr fließen und die Bepflanzungen in den Parks auf kältebeständig umgestellt worden sind. Die jetzt eintreffenden Herbst- und Winterurlauber lieben die Stille rund um den Bodensee, wenn dichte Nebel aufziehen, Fröste einsetzen und

Mittelalterliches Stein am Rhein mit Klostermuseum St. Georgen

der Schnee in den Bergen fällt. Spaziergänge durchs bunte Herbstlaub oder Schwitzen in einer Thermen-Sauna sind jetzt angesagt oder Skifahren und Schneeschuhwandern in den Höhenlagen Vorarlbergs, Liechtensteins und der Ostschweiz. Heißgetränke in heimeligen Cafés, Wirtshäusern und vor allem auf den recht zahlreichen Weihnachtsmärkten rund um den See sorgen für romantische Adventsstimmung.

Geheimnisvolles Liechtenstein

Obwohl das Fürstentum Liechtenstein keinen direkten Seezugang besitzt, ist das Land touristisch fest in der Bodenseeregion verankert, nicht zuletzt dank der perfekten Anbindung durch Autobahnen, umliegende Flughäfen sowie Fahrrad- und Wanderwege. Das großzügige Wander-, Genuss- und Kulturangebot Liechtensteins, gepaart mit der einzigartigen Geschichte, ist für Gäste aus dem Bodenseeraum äußerst attraktiv.

Touristische Begleitmusik

Ab Ostern bis in den Spätsommer hinein genießen Urlauber und die einheimische Bevölkerung unzählige Feste und Events, die mit kulinarischen Genüssen abgerundet perfekt in Szene gesetzt werden. Doch mancherorts besteht auch am Bodensee die Gefahr, den berühmten Bogen zu überspannen. Man steht in der Vierländerregion bei stetig wachsender Nachfrage vor der grundlegenden Überlegung, wie die beliebte »Reisemarke Bodensee« auch unter Berücksichtigung der Belange der einheimischen Bevölkerung sowie von Umwelt und Natur erhalten bleiben und in der Zukunft nachhaltig ausgerichtet werden könnte.

Vierländerregion Bodensee *Deutschland, Österreich, Schweiz, Fürstentum Liechtenstein*

Währung *Euro, Schw. Franken (CHF)*

Bodensee *Drittgrößter See Mitteleuropas, 273 km Uferlänge – 173 km (D), 28 km (A), 72 km (CH); 61 500 registrierte Schiffe auf dem See*

Größte Stadt *Konstanz (84 500 Einwohner)*

Höchster Berg *Säntis (2502 m)*

Beliebtester Aussichtsberg *Pfänder (1064 m)*

Einwohner *4,1 Mio.*

Tagesgäste *70 Mio.*

Gästeübernachtungen *14 Mio.*

Fahrgäste Bodenseeschifffahrt (VSU) *3,8 Mio.*

Gelebtes Sprichwort *»Man muss nur wollen und daran glauben, dann wird es gelingen.« (Graf Zeppelin)*

Das lieben Bodensee'ler *Ihren Bodensee, »Die Fischerin vom Bodensee« singen, Musizieren, Feste feiern, Weine schlotzen, Käsknöpfle und -spätzle, Felchen und St. Galler Bratwurst essen*

Berühmte Bürger *Ruth Maria Kubitschek, Martin Walser*

Historische Persönlichkeiten *Ferdinand Graf von Zeppelin, Claude Dornier*

Magazin

Hallo Deutschland! Servus Österreich! Hoi Liechtenstein! Grüezi Schweiz! Ob im Rahmen einer Linienfahrt oder einer Eventfahrt: Mit einem Schiff der Weißen Flotte übers Wasser zu gleiten bedeutet Kurzurlaub an Bord und Entspannung pur am Bodensee. Als Beobachterin des Schauspiels steht die schöne »Imperia« am Konstanzer Hafen über den Dingen.

Steil am Ufer zwischen Obersee und Überlinger See erhebt sich das Städtchen Meersburg mit seiner berühmten Mittelalterburg als weithin sichtbares Wahrzeichen. Romantische Gassen und Plätze, Fachwerkhäuser, Museen, gemütliche Cafés, Weinstuben und Wirtshäuser umspielen die prachtvollen barocken Schlossanlagen mit ihren herrlichen Aussichtsterrassen.

Hotel - Weinstube Löwen

Die Schönheit der Landschaft in Selmnau bei Wasserburg entfaltet mit ihren Streuobstwiesen, Obstplantagen und Weinbergen vor idyllischer Bodenseekulisse Lust auf Wanderungen und Genuss der bunten Schätze von Feld und Baum. Die Früchte, Säfte und edlen Tropfen locken unterwegs am Leiterwagen, in Hofläden und Rädlewirtschaften zur zünftigen Einkehr.

Beste Reisezeit am Bodensee

	März	April	Mai
Temperatur min./max.	1° / 9°	4° / 14°	8° / 18°
Sonnenstunden/Tag	4	5	6
Regentage im Monat	10	11	13
Wassertemperatur	4°	7°	12°

Die Bedeutung der Symbole:
(Angaben sind Mittelwerte)

9° 18° Temperatur min./max.

Sonnenstunden/Tag

Regentage im Monat

Wassertemperatur

FRÜHLING

Nach langem Winterschlaf erblühen die Gärten, und die Streuobstwiesen verwandeln sich in ein Blütenmeer.

Von März bis Mai ist Frühlingserwachen und die Zeit gekommen, die Bodenseelandschaft mit dem Fahrrad, auf Schusters Rappen oder mit der jetzt wieder startenden Weißen Flotte zu erkunden. Bei angenehmen Temperaturen von durchschnittlich 14 Grad und rund fünf Sonnenstunden am Tag ist Aktivurlaub angesagt. Aber auch erholsame Bäder- und Fastenkuren stehen rund um Ostern hoch im Kurs. Körper, Geist und Seele sollen in den heißen Quellen der Thermen mit wohltuenden Massagen und Moorpackungen wieder in Schwung gebracht werden – begleitet von regionalem Slow Food und herzlichen Gastgebern. Diese haben zur Vorbereitung auf das Osterfest rings um den See eine geschäftige »Putzete« (Großreinemachen) durchgeführt, denn von der Promenadenbeleuchtung bis hin zum örtlichen Denkmal soll den Osterurlaubern alles im schönsten Licht erscheinen. Auch bei Regenwetter muss man sich in der Bodenseeregion vor Langeweile übrigens nicht fürchten. In unzähligen Museen, Klöstern und Kirchen, auf der Insel Reichenau wie auf der Blumeninsel Mainau oder in Lindau gibt es unendlich viel zu entdecken. Und die Hotelpreise sind in der Nebensaison noch relativ günstig.

Im Frühling laden Blumenwiesen zum Träumen ein

Herrlich! Baden vor dieser atemberaubenden Kulisse ist ein Erlebnis

SOMMER

Segelboote schaukeln auf dem See, Strandbäder locken ins kühle Nass. In Mainau blühen die Rosen – und es ist die Zeit der Feste und Feiern.

Juni	Juli	Aug.
11° / 22°	13° / 24°	13° / 23°
7	8	7
12	12	12
17°	19°	19°

Die Sommermonate mit Tagestemperaturen von durchschnittlich 23 Grad gelten als beste Reisezeit. Alle Restaurants und Unterkünfte sind nun geöffnet, die Hotelpreise mit Beginn der Hauptsaison jedoch in die Höhe geklettert. Das Mikroklima, beeinflusst durch Alpenlandschaft und Wassermassen des Bodensees, hat sich in den letzten Jahren spürbar verändert. Die Sommerzeit erscheint mit raschen Wechseln der Hoch- und Tiefdrucklagen zunehmend unbeständig, sodass oft mit schwüler Hitze, heftigen Gewittern und deutlicher Abkühlung zu rechnen ist. Da insgesamt weniger Niederschlag fällt und sich die Nebelbildung am See verringert, hat man zu dieser Jahreszeit häufiger eine traumhafte Bergsicht bis weit in die Schweizer und Liechtensteiner Alpen hinein. Die sonnigste und wärmste Jahreszeit lässt keine Wünsche offen: Badevergnügten Wasserratten stehen mehr als 60 Strandbäder zur Verfügung, darunter die nostalgische Rorschacher Badhütte am Schweizer Ufer, das Mili in Bregenz, die Grossabünt im Liechtensteiner Gamprin und das Konstanzer Rheinstrandbad aus den 30er-Jahren. Auf dem See wird gesurft und gesegelt. Auch Stand-up-Paddling, Rudern und Kanufahren liegen hoch im Kurs. Zu den klassischen Urlaubserlebnissen gehören außerdem Wandern und Radfahren, der beliebte Bodensee-Radweg führt einmal um den See herum. Open-Air-Konzerte, Freilufttheater, zahlreiche Feste wie das Seenachtfest in Konstanz mit Großfeuerwerk über dem See (S. 76) und die Bregenzer Festspiele von Mitte Juli bis Mitte August sind Sommerhighlights.

Das Laub der Weinreben in dem direkt am Bodensee gelegenen Fischer- und Winzerdorf Hagnau erstrahlt in goldenem Licht

Sept.	Okt.	Nov.
11° 20°	7° 14°	2° 7°
6	3	2
8	8	10
17°	13°	9°

HERBST

Der goldene Herbst mit seinen milden Temperaturen und reizvollen Naturlandschaften gilt vielen als die schönste Jahreszeit am Bodensee.

»Im Sommer hat's Gäste und im Winter Nebel«, so die Einheimischen mit Blick auf die Zeit, wenn der See ihnen bald wieder allein gehört. Doch nur fast! Denn auch der Bodenseeherbst erfreut sich zunehmender Urlaubsgäste. Der Altweibersommer im September verheißt angenehm warme Tage mit durchschnittlich 20 Grad. Im Oktober legt sich die Natur langsam ihr herbstliches, rotgelbgoldenes Kleid an. Zugleich wird es merklich kühler, die Sonne scheint nur noch knappe drei Stunden. Der Herbstwind fegt das Laub von den Bäumen, während das Gros der Urlauber gut erholt zurück in der Heimat ist. Dort versäumen sie allerdings einige gastronomische Highlights – die Herbstgenüsse am Bodensee von Müller-Thurgau und Spätburgunder auf urigen Weinfesten, gerade geerntete Äpfel und Kürbisgerichte, frisch gebrautes Bier und Steinobstdestillate in heimeligen Gaststuben der Wirtshäuser. Nach dem Essen ist bekanntlich Bewegung gesund. Bei frischer Seeluft und Herbstsonne in der Berg- und Hügelwelt lässt es sich geruhsam spazieren gehen.

WINTER

Traumhafte Winterlandschaften laden zum Skifahren und Rodeln ein. Höhepunkte sind die Adventszeit und die Bräuche der alemannischen Fasnet.

Dez.	Jan.	Feb.
3°	2°	4°
-1°	-2°	-1°
1	1	3
10	10	9
5°	4°	3°

Ab November trübt sich die Stimmung am Bodensee ein, denn der Winter steht vor der Tür. Die Preise für Unterkünfte am See sind deutlich gesunken. Viele Hotels und Gaststätten haben geschlossen, denn nun naht die Zeit der zähen Nebel. Oft lösen sie sich tagelang nicht auf, sollen aber gut für den Teint sein! Eine beschauliche Reisezeit für Erholungssuchende bricht jetzt an. In den Wintermonaten macht sich die Sonne mit durchschnittlich zwei Stunden am Tag recht rar. Bei Temperaturen um den Gefrierpunkt genießt man nach ausgiebigen Spaziergängen die Thermenlandschaften, Cafés und Restaurants, Museen und Winterkonzerte, erfreut sich in der Vorweihnachtszeit auf den vielen stimmungsvollen Weihnachtsmärkten rund um den See am duftenden Glühpunsch, nascht dazu himmlisch schmackhafte »Gutsle« (Plätzchen) oder vespert herzhafte »Dinnele« (kleine Flammkuchen). Die Adventsfahrten der Weißen Flotte sorgen mit frischen Lebkuchen und Glühwein für Weihnachtsvorfreude an Bord und verbinden die Weihnachtsmärkte miteinander. Doch es ist auch Hochsaison für Wintersportler, denen die Bergwelt der Bodenseeregion zahlreiche präparierte Pisten, Loipen und Skirouten bietet. Die Hotel- und Restaurantkosten sind im Gegensatz zu den Preisen direkt um den See in den Skigebieten gepfeffert.

Ein weiterer Höhepunkt der Winterzeit ist die jahrhundertealte Brauchtumspflege der alemannischen Fasnet. In der »fünften Jahreszeit« machen Hexen-, Sagen- und Tiergestalten bei Wind und Wetter in riesigen Narrensprüngen (Straßenumzügen) dem Winter den Garaus.

Ausgezeichnet

Die »Schwäbisch-alemannische Fastnacht« zählt seit 2014 zum Immateriellen Kulturerbe der UNESCO.

Auf dem Pfänder in Bregenz ist oftmals Rodeln bei Sonnenschein angesagt, während es unten im Tal neblig ist

Die Gutsschänke in Meersburg gewährt von der Terrasse einen fantastischen Blick bis zu den Schweizer Alpen

Kulinarischer Streifzug durch vier Länder

Nicht nur in ausgewiesenen Gourmettempeln, sondern auch in urigen Wirtshäusern und einfachen, aber anspruchsvollen Gaststätten kitzeln Gastronomen, die etwas auf sich halten, die Gaumen ihrer Gäste – mit saisonalem Obst und Gemüse, mit Milchprodukten, Fleisch, Fisch, feinen Weinen und Bier aus der Region.

FOODTREND IN RESTAURANTS: »FARM-TO-TABLE«

»Wenn die Spargelzeit bei uns in der Region vorbei ist, dann ist sie vorbei. Da wird nichts von woanders zugekauft.« So das Qualitätsversprechen von Trendsetter Michael Kratt, Küchenchef im Seerestaurant des Konstanzer Fünfsternehotels Riva. Kratt, der im Juni für sein köstliches Holunderblütenparfait ausschließlich von ihm persönlich und der Großmutter geerntete Dolden verarbeitet, setzt den Foodtrend am Bodensee konsequent und mit Verve um: »Farm-to-Table« lautet das Konzept, das einheimische Produkte direkt auf den Tisch bringt.

Es gilt rund um den Bodensee als eine Frage der Ehre, frisch Gekochtes zu servieren. Verpönt ist, den Gästen heimlich aufgewärmtes Convenience-Food vorzusetzen. Der Blick auf die Menükarten verrät dem qualitätsbewussten Gast schnell: Frischeköche am Bodensee bieten nur eine kleine saisonale Auswahl auf ihren Speisekarten. Und das ist gut so – »klein, aber fein« lautet die Devise.

KÖSTLICHE ANGEBOTE DER REGION

Zum bloßen Stillen des Hungers stehen natürlich auch am Bodensee Fastfood-Burger-Buden, Pizzerien, Foodtrucks und Schnellrestaurants bereit. Doch welche traditionellen Spezialitäten kommen in der Vierländerregion mit ihren verschiedenen Küchen auf den Tisch und laden zum ausgiebigen Schlemmen ein? Welche kulinarischen Entdeckungen sollte man sich auf einer Bodenseereise nicht entgehen lassen?

FISCHGERICHTE SIND EIN MUSS

Da wäre die berühmteste Delikatesse, der Bodenseefisch. Es leben über 30 verschiedene Arten im See (Informationen dazu S. 82). Ob Hecht in Klößchenform, Felchen, Saibling oder Kretzer, kross gebraten oder mild gegart: für jeden Geschmack ist etwas dabei. Im Kanton Thurgau, in Schwaben und Baden bettet man Fisch gern auf bissfestes, frisches Gemüse, wohlschmeckende Risottos und zart geräuchert auf grünen Salat.

Bodensee-Zander mit Sesam, Curry und Zitronengras-Soße

DEFTIGES AUS DER DEUTSCH-ÖSTERREICHISCHEN KÜCHE

Zu den Klassikern zählt der Zwiebelrostbraten mit Kässpätzle, im Schwäbischen auch mal mit Schupfnudeln (»Buabaspitzla«). Er kommt auch als Sonn- und Festtagsessen auf den heimischen Tisch. Kühe von saftigen Weiden liefern dafür eines ihrer besten Stücke – das Roastbeef.

Bei Wein- und Herbstfesten lässt man sich Zwiebelkuchen mit Federweißer (im Schwäbischen »Suser«) schmecken. Doch Vorsicht, dieser angegorene weiße Traubensaft hat es in sich, bei zu großer Menge könnte einen leicht Montezuma küssen. Auch der schwäbisch-alemannische Flammkuchen (»Dünnele, Dinnete, Dünnete«), belegt z.B. mit rohen Zwiebeln, Käse oder Knoblauch, ist seinem bäuerlichen Ursprung entwachsen. Einige Wirtshäuser bieten diese leckeren dünnen Hefefladen auf Weihnachtsmärkten an. In Konstanz trinkt man dazu frisch gepressten oder leicht angegorenen Obstmost.

SCHWEIZER UND LIECHTENSTEINER GAUMENFREUDEN

Ganz oben auf der Beliebheitsskala der Schweizer Eidgenossen stehen Käsefondue und Rösti (auch »Röschti«), die fein gewürzt und goldgelb in Kartoffelpufferform gebraten zu frischem Apfelmus passt sowie zu Zürcher Geschnetzeltem und hellem Bratfleisch serviert wird. Als Delikatesse auf die Hand lässt die in der ganzen Schweiz berühmte St. Galler Rostbratwurst so manchem das Wasser im Munde zusammenlaufen. Auch die kalte Älpler Vesperplatte mit Speck, Schinken, Leberwurst und herzhaftem Bergkäse zu Holzofenbrot erfreut sich eines großen Zuspruchs. Bier kleiner Traditionsbrauereien und Apfelmost von Streuobstwiesen erfrischen die meist durstigen Kehlen.

Im Fürstentum Liechtenstein wird man von erlesener Gourmetrestaurantküche bis zu traditionellen Spezialitäten in gemütlichen »Beizen« und Alphütten verwöhnt. Käsknöpfle mit Apfelmus, Gerichte aus Rheintaler Ribelmais und Schwartenmagen zählen zu den ursprünglichen Speisen der einst einfachen Landbevölkerung und halten Spitzenplätze im vielfältigen gastronomischen Angebot.

HERBSTZEIT IST WILDZEIT

Mit der Jagdsaison erobern Wildgerichte die Bodenseeteller. Hirschgulasch nach Jägerart in Burgundersoße mit Pfifferlingen und Spätzle oder Rehbraten mit Rotkraut nebst Williamsbirne, gefüllt mit Preiselbeeren, locken in die Wirtshäuser. Dazu ein Spätburgunder Rotwein – einfach köstlich!

SÜSSE VERFÜHRER

Die badischen Dünnele werden ebenfalls als gezuckerte Variante mit Apfelscheiben belegt angeboten. Und die Schweiz ohne Schokolade – das ist schwer vorstellbar. Auch am Bodensee finden sich Firmen, die die süße Verlockung in gewohnter Schweizer Qualität herstellen. Erwähnenswert sind

Eine Sennerin wendet den frisch gelagerten Käse und reibt die Haut mit Salzwasser ein. Dadurch entsteht die harte, trockene Käserinde

Chocolat Bernrain in Kreuzlingen (www.swisschocolate.ch) und der traditionsreiche Gottlieber Manufakturbetrieb (www.gottlieber.ch), in dem die bekannten Gottlieber Hüppen (mit Schokolade gefüllte Waffeln) gebacken werden. Den berühmten österreichischen Kaiserschmarrn und viele Strudelvariationen gibt es überall in Vorarlberg. Die traumhaften Desserts, unzähligen Kuchenvarianten und Eiskreationen in Cafés und Eisdielen werfen die Frage auf: Kann denn im Urlaub Süßes Sünde sein? Klare Antwort: »Nein!«

In aller Munde

Schwäbische Maultasche

Das Schwabenland ohne abgeschmälzte Maultaschen mit Röstzwiebeln zu Kartoffelsalat? Undenkbar! Ursprünglich waren Maultaschengerichte ein Armeleuteessen, in dem Fleisch-, Brot- und Gemüsereste für die Füllung verwertet wurden. Die schwäbische Spezialität aus Nudelteig, heutzutage meist mit Kalbsbrät und Spinat gefüllt, genießt seit 2009 die von der EU geschützte Bezeichnung »Schwäbische Maultasche«. Maultaschen ziehen in siedendem Salzwasser gar. In Streifen geschnitten, in Butter gebraten, mit Ei oder Zwiebeln angereichert, zählt es als schmackhaftes Hauptgericht zu den absoluten Lieblingsspeisen vieler Deutscher weit über Schwaben hinaus. Für Gründonnerstag und Karfreitag werden Maultaschen traditionell in der Brühe gekocht und als deftige Suppenbeilage serviert. Der Volksmund hat den Maultaschen einer Legende zufolge auf schwäbisch-hinterlistige Art die Bezeichnung »Herrgottsbscheißerle« verpasst. Danach haben die Zisterziensermönche im Kloster Maulbronn dem lieben Gott einst ein raffiniertes Schnippchen geschlagen: Um in der Fastenzeit heimlich ein Stück Fleisch zu verzehren, haben sie es zerhackt, mit Kräutern und Spinat vermengt und in kleinen Taschen aus Nudelteig versteckt. So sollen diese ganz besonderen Maulbronner Teigtaschen entstanden sein – die Maultaschen. Ob der Herrgott den trügerischen Mönchen auf die Schliche kam, wird nicht berichtet. An Karfreitagen drückt er heute aber wohl ein Auge zu, wenn der Inhalt nicht lupenrein vegetarisch sein sollte.

Zubereitung der Schwäbischen Maultaschen

Altstadtbummel in Lindau

Alles, was das Herz begehrt

Einkaufsparadies Bodensee: Von reichlich Chichi und Souvenirs aller Art bis Haute Couture, Galerien und Kunsthandwerk in pittoresken Gassen und mondänen Einkaufsstraßen findet sich (fast) alles.

Im Urlaub ist man oft auf der Suche nach dem Besonderen. Sei es in den zahlreichen gut sortierten Geschäften und Boutiquen in den Fußgängerzonen der Innenstädte von St. Gallen, Meersburg, Lindau, Konstanz oder Bregenz, auf traditionellen Märkten und Vinotheken, in denen regionale Köstlichkeiten locken, oder gar beim praktischen Blumenzwiebelkauf auf der Mainau für den eigenen Traumgarten. Wer gerne kostengünstig in Outlet-Centern einkauft, wird am Bodensee ebenfalls fündig. Erwähnenswert sind das Radolfzeller Outlet Center Seemaxx (www.seemaxx.de) mit über 40 Top-Marken und das Wolford Factory Outlet in Bregenz (www.wolford.com), in dem hochwertige und elegante Lingerie für die modebewusste Frau erhältlich ist.

FLÜSSIGES AUS DER REGION

Whiskyliebhaber auf der Suche nach dem ganz speziellen »Taste« werden mit dem Swiss Alpine Whisky »Säntis Malt« in der Appenzeller Destillerie Brauerei Locher im Besucherzentrum fündig (www.saentismalt.com). Noch Lust auf einen sehr süffigen Trend-Geheimtipp mit »Route-66-Feeling«? Den findet man in Langenargen am Nordufer des Bodensees im urgemütlichen Craft-Beer-Shop KommproBier (www.kommprobier.de). Biersommelier Helmut Heine bietet in seinem erstklassig sortierten Laden über 600 trinkfertig gekühlte Bierkreationen an, darunter auch das in der Region beliebte Tettnanger »Hopfengut No.20« (www.hopfengut.de). An jedem ersten Freitag im Monat ist »Tag der offenen Flasche«. Dann können in stilgerechten, bauchigen Gläsern Probierschlucke genommen werden. Empfehlenswert an diesem Tag ist eine Übernachtung in Langenargen.

Das perfekte Souvenir

Zeppelinspezialitäten von Weber & Weiss

Konditor-Confiseur Michael Weiss führt die traditionelle Edelkonditorei Weber & Weiss in Friedrichshafen mit seiner Frau Martina bereits in der dritten Generation. In der Schweiz wurde er, wie er selbst von sich sagt, zum »Chocoholic«. Das Ergebnis sind viele köstliche Torten und Kuchen und eine große Auswahl an Schokoladenspezialitäten wie beispielsweise Pralinés und Trüffel.

Da lag die Idee eines Tages nahe, die Erinnerung an die historisch bedeutendste Person Friedrichshafens, den Luftschiffbauer Ferdinand Graf von Zeppelin (S. 102), mit attraktiven Schokoladenkreationen wachzuhalten.

Ganz Meister seines Fachs erfand Weiss die Zeppelin-Praline und ließ sie patentieren. Weitere Erzeugnisse folgten, speziell die Kinder dürfen sich über den Zeppelin-Lolli aus feinster Edelvollmilchschokolade freuen. Die in liebevoller Handarbeit, aus Zutaten der Region und ohne Konservierungsmittel hergestellten Produkte sind nur in den beiden Geschäften in Friedrichshafen und online erhältlich und gelten als beliebtes Mitbringsel aus der Bodenseeregion.

Zeppelin-Pralinen als süße Geschenkidee

Weber & Weiss Conditorei & Confiserie, *Friedrichshafen*
Charlottenstr. 11, Mo 10–17, Di–Fr 8.30–18, Sa 8–15.30, So 12.30–16 Uhr; Wilhelmstr. 23, Mo–Do, Sa 9–18, Fr 8.30–18 Uhr, www.weber-weiss.de

Sonne, Spaß und Abenteuer pur

Der Bodensee ist eine ideale und abwechslungsreiche Region für die ganze Familie. Bei Sonnenschein locken Strandbäder, Schiffsrundfahrten, Kletterparcours, Freizeit- und Tierparks, bei Regenwetter gibt es viele spannende Museen zu erkunden.

ÜBERNACHTEN MIT KINDERN

Ferienwohnungen stellen für den Urlaub mit Kind und Kegel eine praktische Möglichkeit dar, um kostengünstig, geräumig und ungezwungen zu logieren. Unterkünfte in Seelage mit Spielplatz, Park und Badeanstalt in Ortsnähe sind zahlreich vorhanden. Für die Ferien sollte man rechtzeitig buchen (www.bodensee.de/ferienwohnung).

Ob Ponyreiten und Pferdepflege oder spielerisches Lernen in der Landwirtschaft – Ferien auf dem Bauernhof werden immer beliebter (www.bodensee.de/bauernhof). In urgemütlichen Apartments mit Halbpension wohnen, herzhafte Bauernbrotzeiten mampfen und in der Früh selbst die Eier fürs Frühstück einsammeln bringt sowohl den kleinen und großen Kindern als auch den Erwachsenen Spaß.

Ein weiterer Trend ist Camping: Rund 100 ufernahe Campingplätze für Wohnmobile und Zelte ermöglichen

Familiensommer in Überlingen

Eine Übernachtung im Strohbett ist ein besonderes Erlebnis

es, jederzeit nach Lust und Laune mal eben in den See zu hüpfen. Noch dazu kann Geld gespart werden. Doch auch Hoteliers bemühen sich mit attraktiven Pauschalangeboten um Familienurlauber und stellen gerne Kinderbett und Kinderstuhl kostenfrei aufs Zimmer.

WIE SPARFÜCHSE DIE URLAUBSKASSE SCHONEN KÖNNEN

Die meisten Attraktionen kosten Eintrittsgeld – und teilweise nicht zu knapp. Kostenbewusste Besucher können mit den in der Vierländerregion angebotenen Gästekarten viel erleben und dabei bares Geld sparen, beispielsweise mit der Bodensee Card PLUS, deren All-inclusive-Variante freien Eintritt in Schlösser, Burgen, Schwimmbäder, Museen sowie freie Fahrt mit Bergbahnen und Schiffen enthält. Online unter www.bodensee.eu ist die Karte in unterschiedlichen Preisklassen erhältlich (S. 90).
Attraktiv ist der Ostschweizer Oskar. Diese Gästekarte gilt in über sechs Kantonen und im Fürstentum Liechtenstein. Für gerade mal 15 Franken am Tag (Kinder für die Hälfte) erhalten Ausflügler Leistungen, die die freie Fahrt mit der Säntisschwebebahn, mit den schweizerischen Kursschiffen auf Rhein und Bodensee, Eintritte in Museen und Schwimmbäder, Stadtführungen und noch dazu den gesamten Nahverkehr mit Bus und Bahn enthalten. Mit nur einer einzigen Schifffahrt von Kreuzlingen nach Schaffhausen rentiert sich Oskar schon: Die Schifffahrtskarte kostet normal 49,50 CHF, mit Oskar keinen einzigen (S. 149)!
Ein Sparangebot sieht die Rabattkarte Echt Bodensee Card vor, die Übernachtungsgästen gratis von Gastgebern übergeben wird, die diesem Vergünstigungssystem angeschlossen sind. Damit kann der öffentliche Nahverkehr am deutschen Bodensee frei genutzt

Auf dem Affenberg Salem ist das Füttern mit speziell zubereiteten Popcorn seit der Corona-Pandemie zum Schutz der Affen vor Ansteckung nicht mehr erlaubt

werden, und es winken Vorteile bei mehr als 200 touristischen Partnern am Bodensee (S. 90).
Die Bodensee-Vorarlberg Freizeitkarte umfasst freien Eintritt z.B. für Seilbahnen, Museen, Bäder, Eislaufplätze und für freie Fahrt mit Bus und Bahn in ganz Vorarlberg (S. 127).

KLEINE UND GROSSE ABENTEUER

Rund 200 frei herumtollende Berberaffen trifft man Aug in Aug im Salemer Affenberg, wenn man mutig durch deren Gehege spaziert. Die Affen sind in einem 20 Hektar großen Waldgebiet beheimatet – und können sich annähernd wie in freier Wildbahn bewegen.
Im Wild- und Freizeitpark Allensbach leben über 300 Wildtiere in riesigen Freigehegen, darunter Rotwild, Wisente, Bären, Damwild, Steinböcke, Esel und Luchse, die aus nächster Nähe beobachtet werden können.
Abwechslungsreiche Kletterparcours sind im AbenteuerPark Immenstaad schon für Knirpse ab 3 Jahren sowie für geübte Höhenbergsteiger angelegt.
Im AbenteuerPark Kressbronn begeistert der actionreiche Themenparcours »Indiana Jones«. Im Kids-Parcours dürfen auch dort bereits Minis ab 3 Jahren kraxeln. Der Erlebniswald Mainau auf dem Festland vor der Blumeninsel lockt hartgesottene Kletterfreaks in bis zu 30 Meter Höhe. Von einem hohen Steg aus können Besucher den waghalsigen Kletteraktionen zuschauen. Und auch die Adler-Erlebnis-Wanderung mit Adlerweibchen »Taiga« im Liechtensteiner Ort Malbun ist ein echtes Highlight für Groß und Klein.

GUTE-LAUNE-TIPPS BEI REGENWETTER

Wenn der Regen prasselt oder auch an Wintertagen sorgen schöne Thermen und Hallenbäder für unbeschwertes Badevergnügen. Zahlreiche Museen wie das oberschwäbische Museum Ravensburger oder die interaktive »inatura« in Dornbirn zum Thema »Natur, Mensch und Technik«, ebenso das Zeppelin Museum und das Dornier Luft- und Raumfahrt Museum in Friedrichshafen sind konzeptionell auf den Besuch von Kindern und Jugendlichen vorbereitet. In der Burg Meersburg erlebt man das gruselige Mittelalter hautnah. Kletterfans vertreiben sich die Zeit indoor im Kletterwerk Radolfzell oder in den Kletterhallen von Dornbirn und St. Gallen. Das Strand- und Hallenbad Aquastaad in Immenstaad vergnügt Groß und Klein ebenso wie die Seethermen in Konstanz, Meersburg und Überlingen. Im Sea Life Konstanz entflieht man dem Sauwetter in die faszinierende Welt der Gewässer unserer Erde. Das Schulmuseum Friedrichshafen zeigt Klassenräume um 1850, 1900 und 1930 und versetzt mit Schulgeschichten aus dieser Zeit in Angst und Schrecken. Auf eine Reise in die Stein- und Bronzezeit am Bodensee begibt man sich im Pfahlbaumuseum Unteruhldingen. Und last, but not least kann man in der Appenzeller Schaukäserei im Schweizer Ort Stein erfahren, wie der berühmte »Appenzeller« entsteht und vor allem: wie gut er schmeckt!

Ein mutiger Klettermax will hoch hinauf

Leuchtende Augen

Im Ostschweizer Flawil kann die »Schokoladenfabrik des Glücks«, das Maestrani's Chocolarium, besichtigt werden. Fantasiereich gestaltete Ausstellungsräume stecken voller interaktiver Erlebnisse: Es darf Schokolade gegossen oder mit Schokolade gebacken werden, wobei kleine und auch große Naschkatzen auf ihre Kosten kommen. Einfach die Schokoladenfabrik auf eigene Faust erkunden und das Geheimnis lüften, wie das Glück in die Schokolade kommt. Eine süße Reise durch die fantastische Erlebniswelt der Schokolade (*www.chocolarium.ch*).

Tulpenblüte auf der Insel Mainau mit Schloss und Schlosskirche

Traumgärten erleben

Wunderschöne Parks und Gärten rings um den See bilden ein vielfältiges, erholsames Gesamtkunstwerk, in dem sich die Gartenbaugeschichte von ganz Europa spiegelt.

Es ist eine mehr als tausendjährige Tradition, der sich das noch junge Netzwerk Bodenseegärten (www.bodenseegaerten.eu) verschrieben hat. Die Reise führt auf die Inseln Mainau und Reichenau, in den Landschaftspark und Lehrgarten von Schloss Arenenberg, in die Gärten des ehemaligen Kartäuserklosters Ittingen, in die Gärten von Meersburg und die Parkanlagen von Kloster und Schloss Salem, nach Überlingen, Lindau und Bregenz sowie zu vielen kleinen Privatgärten am Untersee, die ihre Tore überwiegend frei und großzügig für Gäste öffnen. So sollen die Parks und Gärten grenzüberschreitend mit ihren unterschiedlichen historischen Wurzeln und räumlichen Besonderheiten erlebbar gemacht werden – als eine Erfahrung für alle Sinne.

GROSSE NAMEN UND IHRE GÄRTEN

Der 1991 nach Walahfrid Strabo (um 810–848) innerhalb der alten Klostermauern beim Münster St. Maria und Markus auf der Reichenau neu angelegte Kräutergarten ist ein solches Erlebnis: Strabo – Mönch, Dichter, Botaniker und Abt des Klosters Reichenau – verfasste im Mittelalter um 840 ein bedeutendes botanisches Werk, den »Hortulus« (Gärtlein). Inspiriert vom klostereigenen Kräutergarten beschreibt er in dem noch heute erhältlichen Büchlein 24 Heilkräuter, Küchen- und Zierpflanzen in Versform und gibt praktische Hinweise für den Anbau im eigenen Garten.

Napoleon III. haben wir die Gartenanlagen auf Schloss Arenenberg (S. 165) in der Schweizer Gemeinde Salenstein zu verdanken. Louis, der Neffe Napoleons I., durfte schon in seiner Jugendzeit den französisch angelegten Garten seiner Mutter Hortense de Beauharnais und die wohltuende Aussicht über den Untersee genießen. Heute flanieren Besucher in dem weitläufigen Landschaftspark von Arenenberg, den der legendäre Gartenarchitekt Fürst Pückler um 1840 im Auftrag Napoleons rund um das vielleicht schönste Schloss am Bodensee liebevoll gestaltet hat.

Unweit von Arenenberg lockt das ehemalige Kartäuserkloster Ittingen mit einem bezaubernden Barock- und duftenden Rosengarten. Auch Hopfen, Wein und Kräuter sind hier zu bewundern.

Den Schriftsteller und späteren Nobelpreisträger für Literatur, Hermann Hesse, zog es 1904 an den Untersee nach Gaienhofen auf die Halbinsel Höri. Er bepflanzte das große Grundstück seines Landsitzes mit Bäumen, Blumen und – als Selbstversorger seiner Zeit weit voraus – mit Nutzpflanzen nach strengen ökologischen Grundsätzen. Das Hesse Museum (S. 82) und die Gartenanlage können besichtigt werden.

Als Zufluchtsort vor den Nationalsozialisten wählte der berühmte Maler Otto Dix ebenfalls die Höri. In Sachen Gartengestaltung war er totaler Laie, und so legte die Familie Dix in ihrem Haus in Hemmenhofen als Ort der Begegnung einen unkonventionellen »Wohngarten der Moderne« an. Das Haus

In diesem Haus in Gaienhofen wohnte einst Hermann Hesse

des Malers wurde 2013 samt Garten als Museum hergerichtet (S. 82).
Der schwedische Graf Lennart Bernadotte zog 1932 ins Schloss der Insel Mainau und nahm die Kultivierung der Anlagen in Angriff. Es entstand ein einzigartiges Garten- und Parkparadies (S. 78) aus Blumen, Pflanzen und wunderbar Schatten spendenden Baumensembles. Seine große Liebe aber galt zeitlebens der Orchidee, der »Königin der Blumen«. Dieser Pflanzenfamilie mit ihren bizarren Formen widmete sich der Graf mit Leidenschaft. Die Orchideenschau mit rund 3000 Exponaten ist auch heute noch das Herzstück der Mainau. Unter der Leitung von Tochter Gräfin Bettina und Sohn Graf Björn Bernadotte ist die Blumeninsel ganzjährig von Sonnenaufgang bis Sonnenuntergang geöffnet.

Nach barockem Vorbild angelegt: der Schlossgarten Salem

BAROCKE PARKANLAGEN IN SALEM UND MEERSBURG

Symmetrisch angelegte Wege, große Rasenflächen mit prächtigen Blumenrabatten, gestutzte Buchsbaumhecken und -büsche, ein Labyrinth und ein Irrgarten, Brunnen und Wasserbassins mit imposanten Figuren charakterisieren beispielhaft den Barockgarten des ehemaligen Zisterzienserklosters Schloss Salem. Anfang des 18. Jh. formt sich der schnörkelig-verspielte, spätbarocke Rokokostil. Der Lustgarten des Neuen Schlosses in Meersburg mit seinem Pavillon ist ein imposantes Beispiel für diese Stilrichtung. Von hier aus weitet sich eine grandiose Aussicht auf den See.

OASEN STÄDTISCHER GARTENKULTUR

Ein Streifzug durch Bregenz führt in bedeutende, zauberhaft gepflegte Gartenanlagen der Vorarlberger Landeshauptstadt. Dazu zählen die Seeanlagen vom Festspielhaus Bregenz bis hin zu den Sunset-Stufen am Hafen. Nadel- und Laubbäume, Rhododendren, Azaleen – und im Frühjahr sind es die bunt blühenden Tulpen, Krokusse und Narzissen, die dem Uferpark ein mediterranes Flair verleihen.

Auf einen typischen Landschaftsgarten des 19. Jh. darf das Palais Thurn & Taxis, seit 1955 Sitz der Vorarlberger Künstlervereinigung, stolz sein. Weite Rasenflächen, mächtige Buchen in Nachbarschaft mit Gingkobaum, Tulpen- und Götterbaum sowie Mammutbaum, Himalayazeder und Hemmlockstanne prägen das Parkbild.
Auch im 1878 von Carl Eduard Graf Nalecz-Raczynski errichteten Park der hochherrschaftlichen Villa Raczynski brilliert die Gartenbaukunst des 19. Jh. mit mächtigen Bäumen. Die Lage bietet einen der schönsten Aussichtspunkte über Bregenz.
Entlang der prächtigen Villen verschiedener Baustile schlängelt sich der kilometerlange »Lindauer Gartenkulturpfad« durch weitläufige, größtenteils frei zugängliche Parks mit riesigen alten Baumbeständen.
Der traumhafte »Gartenkulturpfad Überlingen« führt zu den schönsten Parks, Gärten und Grünflächen dieser grünen Wohlfühlstadt. Auf romantischen Straßen und Wegen, die sagenhafte Ausblicke über den See und die Altstadt freilegen, lässt sich herrlich schlendern. Die Grünflächen bedeuten Erholung und eine hohe Lebensqualität für die Bürger und Gäste Überlingens.
Das Gartendenkmal Stiegeler Park in Konstanz im Stil des englischen Landschaftsgartens gilt als ein weiteres Juwel am Konstanzer Seeufer. Unweit davon, im verträumt angelegten Park der Villa Rosenau, weilten schon die Dichterin Annette von Droste-Hülshoff (S. 98), der französische Schriftsteller der Romantik François-René de Chateaubriand und Kaiser Napoleon III. Direkt an der Uferpromenade genießt man hier einen herrlichen Blick auf Konstanz und das Schweizer Ufer.
Der ausgedehnte Seeburgpark erstreckt sich vom Kreuzlinger Hafen rund um das Schloss Seeburg. Mit einem Tierpark, Heil- und Gewürzgarten, Minigolf und dem Restaurant Schloss Seeburg (S. 163) empfiehlt sich der Park als ein weiteres ideales Ausflugsziel.

Park Rosenau – Idyll an der Konstanzer Seepromenade

Satirische Kunst

Peter Lenks provokante Skulpturen stehen in der westlichen Bodenseeregion unübersehbar auf den attraktivsten Plätzen von Städten und Gemeinden und sind wahre Publikumsmagneten.

»Die Deutschen sind noch am ehesten zur Selbstironie fähig und auch tolerant genug, meine Provokationen zu ertragen und zu verstehen.«
Peter Lenk

Am Gebäude der »taz« in Berlin ragt eine riesige Penis-Skulptur unter dem Motto »Friede sei mit dir« die Fassade empor. Ein Relief zur sexuellen Obsession der BILD-Zeitung, wie der Schöpfer des Werks Peter Lenk in seinem Buch »Skulpturen« erklärt.
Selten wurde seine Kunst anfangs wohlwollend aufgenommen. Allein die Nacht-und-Nebel-Aktion um die Aufstellung der »Imperia« in Konstanz ist eine atemberaubende Geschichte, die Lenk im Rahmen von Führungen durch seinen Skulpturengarten höchst unterhaltsam schildert (S. 39).

DIE SCHÖNE »IMPERIA«

Würde die attraktive, offenherzige »Imperia« sich heute im Konstanzer Hafen drehen, wenn Peter Lenk sie nicht nächtens und klammheimlich per Schiff über den See kommend mit vertrauten Helfern aufgestellt hätte? Konservative Politiker und Amtsinhaber hätten noch jahrelang alles unternommen, die hochragende Schönheit mit nacktem Papst und Kaiser in Händen als skandalös abzutun und zu verhindern. Heute ist das Schnee von gestern, die »Imperia« wurde zum

Die »Imperia« rotiert beständig um die eigene Achse

ironischen Gesicht der Stadt und diese ohne ihr freiheitliches Wahrzeichen nicht mehr vorstellbar. »Jetzt müssen wir das Ding kaufen, sonst sind wir blamiert«, soll ein Kommunalpolitiker geäußert haben, wohl wissend, dass die Statue massenhaft Touristen anlockt und somit zu einem echten Wirtschaftsfaktor geworden ist.

MERKEL OHNE KLEIDER

Auch der Bürgermeister in Lenks Wohnort Bodman-Ludwigshafen stellte fest, dass das Relief »Ludwigs Erbe« an der Rathausfassade mit der Sequenz »Global Players« das Knöllchenaufkommen für falsches Parken um 5000 Euro in die Höhe schnellen ließ. Der Grund: Es sind Bundespolitiker wie Edmund Stoiber, Hans Eichel, Guido Westerwelle, Gerhard Schröder im Adamskostüm – und in deren Mitte Bundeskanzlerin Angela Merkel im nicht unattraktiven Eva-Look zu sehen.

Skulpturen Peter Lenks in der Region (Auswahl)

Bodman-Ludwigshafen »Bildhauergarten«: Hier sind zahlreiche Skulpturen des Künstlers zu bewundern; »Ludwigs Erbe mit Global Players«: Das 10 x 4 m große Relief am Zollhaus in Ludwigshafen (2008) ist eine deftige Gesellschaftssatire, eine Abrechnung mit der Habgier und ihren Geizhälsen; »Narrenschiff«: 2018 wurde an dem Bodmaner Seeum das mehrere Tonnen schwere Kunstwerk angebracht, auf dem Personen aus Politik und Wirtschaft im Lenk-Stil abgebildet sind.

Gaienhofen »Paradiesvögel«: Bei der Enthüllung 1997 ließ ein Sohn des Bildhauers eine Tonbandaufnahme seines Vaters mitlaufen, in der u.a. zu hören war: »Was verstehst du denn von Sünde, wenn du sie nicht begangen hast? Gar nischt!«

Hagnau »Dorfheiliger«: Mit dieser Skulptur (2014) des früheren Pfarrers Heinrich Hansjakob kokettiert Lenk mit dessen nicht immer enthaltsamem Lebenswandel.

Konstanz »Imperia«: Die 10 m hohe Betonfigur (1993), die an achtbare Hübschlerinnen (Kurtisanen) des 15. Jh. erinnern soll, ist die berühmteste Arbeit des Künstlers; »Triumphbogen«: Dieses 1991 errichtete Werk besteht aus 30 Figuren, mit denen sich der Künstler über den Autowahn lustig macht.

Meersburg »Magische Säule«: Die 2007 enthüllte Säule an der Hafenmole zeigt Portraits bekannter Persönlichkeiten aus der Meersburger Stadtgeschichte, darunter auch die Dichterin Annette von Droste-Hülshoff.

Radolfzell »Kampf um Europa« (2013): Lobbyisten, Finanzhaie und Politiker bedrängen die Figur der Europa.

Stockach »U20 oder der Traum eines U-Bootfahrers«: Einen Ehrenplatz auf U20 ergatterte Rudolf Scharping 2001 nach seinem spektakulären Tauchgang mit Gräfin Pilati im Pool auf Mallorca.

»Global Players«: Hans Eichel, Gerhard Schröder, Angela Merkel, Edmund Stoiber und Guido Westerwelle (v.l.n.r.)

TRAUM EINES U-BOOTFAHRERS

Nachdem ebenfalls in einer Nachtaktion die Sparkasse Stockach auf ihrem Gelände die Skulptur »U-Boot U20« aufgestellt hatte, zogen am Himmel der Finanzgruppe dunkle Wolken auf. Wurde doch der in Amt und Würden befindliche Verteidigungsminister Rudolf Scharping in zweifelhafter Pose aufs Korn genommen. Mit dem Rücktritt des Ministers legten sich die Gemüter jedoch wieder, seither ist das Lenk-Kunstwerk neuer Anziehungspunkt des Bankhauses. Touristen richten ihre Kameras auf die von Lenk in Beton gegossenen Gestalten, die auf satirische Weise, meist nackt und unförmig absurde Machenschaften in Politik, Wirtschaft, Klerus und Establishment aufs Korn nehmen – thematisch ähnlich grotesk wie auf Motivwagen im Kölner Karneval. Das findet Anklang. Doch ist es obszön, die Mächtigen der Welt künstlerisch auf ihre nackte Existenz zurückzuwerfen und sie entkleidet im Lichte kritikwürdigen Handelns im öffentlichen Raum zur Schau zu stellen? Die Öffentlichkeit ist durchaus geteilter Meinung. Peter Lenks Standpunkt ist klar: »Ein nackter Mensch ist nicht obszön, obszön ist die Politik. Da kommt kein Künstler mehr mit.«

»Kampf um Europa« in Radolfzell

Der Bildhauer Peter Lenk

Peter Lenk wurde 1947 in der Dürer-Stadt Nürnberg geboren. Er studierte an der Staatlichen Akademie der Bildenden Künste Stuttgart und wurde Kunstlehrer in Stockach. Weil Lenk sich konsequent weigerte, seinen Schülern Zensuren zu geben, musste er jedoch den Lehrerberuf beenden. Mit seiner Frau Bettina lebt und arbeitet Lenk inmitten seines Skulpturengartens am Westzipfel des Überlinger Sees, in Bodman-Ludwigshafen. Der benachbarte Mäzen der Familie, Wilderich Graf von und zu Bodman, hatte dem Künstlerehepaar sein ehemaliges Doktorhaus überlassen. Hier entstanden noch zu Mauerzeiten die Skulpturen »Die schwäbischen Floßfahrer« (Klinikum Emil v. Behring, Zehlendorf) und »Mauerkieker« (Checkpoint Charlie), die in West-Berlin anfänglich kulturpolitisch für reichlich Wirbel sorgten, Bodman-Ludwigshafen aber bundesweit bekannt machten. In seinem Buch »Berliner Rodeo« beschreibt Peter Lenk diese frühen abenteuerlichen Kunstaktionen im öffentlichen Raum.

Künstlerportrait Peter Lenk

In der Abgeschiedenheit der Kreativschmiede am Bodensee entstehen die Ideen für satirische Bildhauerarbeiten, mit denen Lenk seit Jahrzehnten aneckt und Skandale auslöst. Wie geht er damit um? Er bedient sich zum einen des Bonmots von Friedrich Dürrenmatt, dem zufolge das Leben nur als Komödie zu ertragen sei, zum anderen Albert Camus' Erkenntnis, dass die Fantasie die Menschen darüber hinwegtröste, was sie nicht sein können – und der Humor darüber, was sie tatsächlich sind.

Den Skulpturengarten öffnet Peter Lenk nach Anmeldung für persönliche Führungen (www.peter-lenk.de). Dem humorvollen und sehr belesenen Homo Politicus der 68er-Generation zuzuhören ist ein Genuss und man erfährt, dass jedes noch so kleine Detail des Lenk'schen Bildhauerwerks gut recherchiert und durchdacht ist.

Das große Spektakel

Weit über den See ist zu hören und am Himmelsleuchten zu sehen, wenn Konstanz am zweiten Augustsamstag im Jahr das größte Seefeuerwerk Europas in Rahmen ihres Open-Air-Festes abfeuert.

Die Stadt lässt es krachen! Das Konstanzer Seenachtfest gilt als Fest der Feste und ist Kult: Die gesamte Region um die größte Stadt am Bodensee fiebert diesem Event entgegen, das seit 1949 von Konstanz und der Schweizer Schwesterstadt Kreuzlingen gemeinsam veranstaltet wird. Es lockt Jahr für Jahr rund 40 000 Besucher an.

FEUERWERK DER GUTEN LAUNE

Das gesamte Hafenareal wird an diesem Tag schon ab dem Nachmittag zu einer großen Festbühne, angesagte DJs versetzen das Publikum mit Pop, Elektro und Hip-Hop-Rhythmen in ausgelassene Festivalstimmung. Unzählige Party-, Tanz- und Zuschauerschiffe, große Segeljachten und kleine Boote strömen von überall her in die Konstanzer Bucht, um später das gigantische Feuerwerk aus nächster Nähe mitzuerleben – ein halbstündiges, musikalisch unterlegtes und pyrotechnisch raffiniertes Himmelsspektakel der Farben und Klänge. Der Beginn ist pünktlich um 22.15 Uhr. Nur bei extrem schlechtem Wetter mit viel Wind würde es ausfallen – doch bisher hat Petrus, wie sich Seenachtfans erinnern,

Höhepunkt des Konstanzer Seenachtfestes ist ein gigantisches Feuerwerk

seine schützende Gutwetterhand noch immer über Konstanz gehalten. Nach dem Feuerwerk geht die große Party am See bis in die frühen Morgenstunden weiter.

Straßenkünstler auf dem Stadtgartenfest

GROSSE VORFREUDE

Eingeleitet wird das Konstanzer Sommer-Highlight zuvor durch ein dreitägiges familienfreundliches Stadtgartenfest mit Straßenkünstlern, Unterhaltungsshows, Comedy, Mitmachaktionen, Musik und einem tollen Essensangebot. Bei freiem Eintritt erlebt man im Stadtgarten, in der See- und Hafenstraße sowie auf dem Festplatz »Klein-Venedig« am Hafen vor traumhafter Wasserkulisse ein vielfältiges Kulturprogramm. Da wird die Seestraße bis zur Villa Prym zur Oase für Kinder und Familien, die Hafenstraße bietet Kunst und Kultur, und Jugendliche wie Junggebliebene aus Nah und Fern tanzen ausgelassen.
Auf dem Wasser geht es hoch her. Der Deutsch-Schweizerische Motorboot-Club präsentiert traditionell seine beliebte Wasserski-Show.

AUCH AN DIE UMWELT WIRD GEDACHT

Natürlich geht es bei einer Veranstaltung dieser Größe sehr laut zu, und auch der Trubel ist nicht jedermanns Sache. Den Veranstaltern ist deshalb besonders daran gelegen, verantwortlich zu handeln und das Seenachtfest möglichst umweltschonend über die Bühne zu bringen. So teilen die Essensausgaben z. B. nur kompostierbares Besteck und möglichst wenig Verpackung aus. Außerdem wird gebeten, das Fest mit öffentlichen Verkehrsmitteln zu besuchen. Die Konstanzer honorieren diese Schritte – und gehen mit dem ständig wachsenden Festansturm bemerkenswert gelassen um.

Alle Infos rund um das Fest wie Öffnungszeiten, Programm und Tickets unter *www.seenachtfest.de*, Seenachtschiffsverbindungen unter *www.bsb.de/de/veranstaltungen/konstanzer-seenachtfest*

Eine spannende Reise durch die Jahrhunderte

Anfang des 15. Jh. war Konstanz für kurze Zeit politischer und geistlicher Mittelpunkt Europas. Vier Jahrhunderte später veränderte Napoleon die europäische Landkarte nachhaltig – und im Jahr 1900 stieg der erste Zeppelin über dem Bodensee auf.

DAS KONSTANZER KONZIL VON 1414–1418

In Konstanz fand die erste und einzige Papstwahl (S. 46) auf deutschem Boden statt. Die damit verbundene Aufhebung der Kirchenspaltung (Großes Abendländisches Schisma) im Rahmen des Konstanzer Konzils bot der Stadt Anlass, diesen Mittelalterkongress gebührlich zu feiern. Vier ganze Jahre lang, von 2014 bis 2018, wurde mit vielen Feierstunden, Seminaren und Veranstaltungen des Konzils gedacht, es gleichsam ins touristische Hier und Heute befördert. Unzählige Kostümführungen wie die des »wiederbelebten« Konzil-Chronisten Ulrich von Richental stehen im Konstanzer Stadtführungsangebot. Auch an den böhmischen Kirchenkritiker Jan Hus (1370–1415), den die Ankläger des Konstanzer Konzils als Ketzer zum Tode auf dem Scheiterhaufen verurteilten, wird erinnert (S. 70). Zudem erfährt man vom horizontalen Gewerbe der etwa 700 Hübschlerinnen, denen mit der Statue der »Imperia« am Konstanzer Hafen ein monumentales Denkmal gesetzt wurde.

In Konstanz erinnert ein Museum an den Reformator Jan Hus

NAPOLEONS »FLURBEREINIGUNG«

Seit 1792 führte Napoleon Kriege gegen die europäischen Großmächte. Seine Armee konnte sich 1801 im Frieden von Lunéville linksrheinische Gebiete einverleiben – das Ende des 1000 Jahre währenden »Heiligen Römischen Reichs« stand bevor. Aufgrund des 1803 erlassenen Reichsdeputationshauptschlusses ordnete Napoleon den Flickenteppich »Deutsches Reich« radikal neu. Es wurde beschlossen, die weltlichen Fürsten für ihre Gebietsverluste links des Rheins an Frankreich zu entschädigen.

Zu diesem Zweck wurden rechtsrheinisch kirchliche Herrschaftsgebiete wie Kurfürsten- und Reichsbistümer

Kaiser Napoleon I.

säkularisiert, sprich aufgelöst und verweltlicht. Im Süden Deutschlands entstanden neue Mittelstaaten, die aus dem Hl. Römischen Reich austraten, sich auf Napoleons Seite schlugen und unter seiner Herrschaft 1806 den »Rheinbund« gründeten. Damit festigte der Franzose seine Macht in Deutschland.
Die katholische Kirche musste am Bodensee riesige Verluste hinnehmen. Die liberale Markgrafschaft Baden wurde durch Gebietszugewinne zum Großherzogtum und ein souveräner Staat (bis 1871), Bayern und Württemberg wurden Königreiche, beide existierten bis 1918. Der Verlierer der Vormachtbestrebungen Napoleons war der letzte römisch-deutsche Kaiser Franz II. Er hatte durch die Säkularisation die geistlichen Gebiete, seine wichtigste Stütze im ohnehin zersplitterten Reich, verloren und dankte 1806 ab. Zuvor hatte er 1804 als Abwehrmaßnahme gegen weiteren Einfluss Napoleons das bis 1867 bestehende Kaisertum Österreich begründet, um es unter seinem neuen Namen Franz I. zu regieren.
Der konservative, monarchistische Geist der Königshäuser Bayern und Württemberg und die gegen die Fürstenhäuser gerichtete Haltung des Großherzogtums Baden in der »Badischen Revolution« 1848/1849 ist bis heute unartikulierter, dennoch spürbarer Teil der regionalen Identitäten. (Und nur so ist es wohl zu erklären, dass beispielsweise die zeitkritischen Skulpturen des Bildhauers Peter Lenk überwiegend im badisch geprägten Kulturraum aufgestellt werden.)

MYTHOS ZEPPELIN

Nichts hat die Bodenseeregion unserer Tage im Hinblick auf Technik, Innovation und industriellen Fortschritt bis heute so grundlegend und nachhaltig geprägt wie die Entwicklung der Luftschifffahrt durch den 1838 in Konstanz geborenen Ferdinand Graf von Zeppelin. Ohne Zweifel eine der großen Pionierleistungen im ausgehenden 19. Jh.

Ferdinand Graf von Zeppelin (1838–1917), Visionär und Pionier der Luftschifffahrt

Der junge Zeppelin wurde 1855 standesgemäß Offiziersanwärter in der württembergischen Armee und brachte es im Laufe seiner Militärkarriere zum General der Kavallerie. 1890 quittierte er den Staatsdienst nach einem Zerwürfnis mit Kaiser Wilhelm II. Grund: Eine kritische Denkschrift Zeppelins zur Führung württembergischer Offiziere durch die preußischen Machthaber kam in Berlin gar nicht gut an, sodass man ihm das Kommando seiner Kavallerie-Brigade entzog. Was tun? Im Deutsch-Französischen Krieg (1870/71) hatte Zeppelin Gasballone für den Transport beobachtet, die den Winden ausgesetzt und nicht steuerbar waren. Zeppelin, der das »Prinzip Luftschiff« zwar nicht erfand, hatte die Vision, ein manövrierfähiges starres Luftschiff für hohe Nutzlasten und große Reichweiten zu bauen. Motorbetrieben sollte es maximale Geschwindigkeiten erreichen und tagelang ohne Treibstoff als Verkehrsmittel durch die Lüfte gleiten können. Unterstützt wurde er vom Württembergischen Königshaus, das ihm in der Bucht von Manzell am Bodensee, nur einen Katzensprung entfernt von dem damals noch verträumten Friedrichshafen, ein Areal für die Luftschiffwerft, zur Verfügung stellte.

Hier schwebt er noch über dem Bodensee: der Zeppelin »LZ 4«

Dort erhob sich am 12. Juli 1900 »LZ 1« für 18 Minuten über dem Bodensee in die Lüfte. Eine Weltsensation, mit der Graf Zeppelin als Vater der Luftschifffahrt in die Geschichte einging.
Sein »LZ 4« (1908) sollte vom Heer übernommen werden, geriet aber bei der Erprobungsfahrt in Echterdingen in Brand. Vorbei der Traum! Zeppelin sah sein Projekt schon vor dem Aus, als das »Wunder von Echterdingen« geschah: Eine spontane, presselancierte Spendenaktion der Deutschen brachte über sechs Millionen Mark ein, und der militärtaugliche Luftschiffbau konnte fortgesetzt werden. Kaiser Wilhelm II., von dem Zeppelin einst als der »Dümmste aller Süddeutschen« verhöhnt worden war, zeichnete ihn persönlich mit dem höchsten preußischen »Schwarzen Adlerorden« aus.
Noch in diesem Jahr wurden die Luftschiffbau Zeppelin GmbH und die Zeppelin-Stiftung gegründet, um Motoren und Getriebe weiterzuentwickeln. Die Zusammenführung der Produktionskomponenten wird als die zweite große Unternehmerleistung Graf Zeppelins gewertet – damit wurde der Grundstein für den Industriestandort von heute gelegt.

Satirischer Cartoon über den Verlust von zahlreichen Zeppelinen im 1. Weltkrieg

Am Puls der Zeit

Die verborgene Seite der Urlaubsregion

Feriengäste wissen meist nichts vom »Rüstungs-Hotspot-Bodensee«, denn es ist eine sehr diskrete Industrie. Der Wohlstand in der Region ist eng verknüpft mit zahlreichen Rüstungsbetrieben, die sich selbst lieber als Teil der »Sicherheits- oder Wehrtechnikbranche« sehen. Kaum eine andere Gegend in Deutschland beherbergt mehr militärische Dienstleister als der Landstrich am Bodensee. Rund 7000 Arbeitsplätze hängen davon ab. Die Kritik in der Region mit Aufklärungs- und Friedensaktivitäten ist im Laufe der Zeit verebbt.. Die Rüstungsindustrie am Bodensee hat allerdings Tradition. Schon im 1. Weltkrieg kamen fast 90 für Heer und Marine gebaute Zeppelin-Luftschiffe zum Einsatz. Und obwohl in den kriegsteilnehmenden Ländern bereits im Jahr 1945, gezeichnet durch die Folgen der NS-Vernichtungskriege im 2. Weltkrieg, viele Menschen »Nie wieder Waffen, nie wieder Krieg!« skandierten, bleibt dies bis heute auch am Bodensee eine Utopie.

Konstanzer Konzilgebäude mit Zeppelin-Denkmal

Konzilgebäude – Papstwahl im Kaufhaus

Drei Päpste und keine Einheit: Das Abendland war tief gespalten, als der römisch-deutsche König Sigismund 1414 in die 6000-Einwohner-Stadt Konstanz lud. Für vier Jahre tagte im dortigen Münster der größte Kongress des Mittelalters.

Bis heute erinnern zahlreiche Bauten an dieses Ereignis. Doch ein Gebäude erlangte historische Bedeutung, obwohl es nur für einen kurzen Zeitraum eine besondere Veranstaltung beherbergte: Im »Konstanzer Kaufhaus«, einem Profanbau am Hafen, fand vom 8. bis 11. November 1417 die einzige Papstwahl nördlich der Alpen auf deutschem Boden statt. Bis heute prägt es das Konstanzer Stadtbild.

Das 1388 bis 1391 erbaute städtische Handelsgebäude, das als Handelsstützpunkt mit Italien vom Konstanzer Werkmeister Heinrich Arnold errichtet wurde, verfügte für dieses historische Ereignis über ideale Räumlichkeiten. Der Rat der Stadt hatte das Kaufhaus auf die streng geheime Papstwahl sorgfältigst vorbereitet. Das Gebäude wurde außen mit Mauern gesichert, die Fenster

mit Brettern vernagelt und verriegelt, damit nichts nach außen dringen konnte. Eine Wachmannschaft sorgte zusätzlich für vollkommene Abschottung der Außenanlagen. Die 53 Wahlberechtigten zogen am 8. November 1417 dort ein und logierten in speziell hergerichteten kleinen Kammern. Die Wahlversammlung, das Konklave, tagte im oberen Stockwerk des Gebäudes. Dort wurde bei spärlichem Licht des Kerzenscheins sitzend nach nur drei Tagen der Italiener Kardinal Oddo di Colonna zum alleinigen römisch-katholischen Papst gewählt und nach dem Tagesheiligen vom »11. November« Martin V. genannt. Die unselige Kirchenspaltung im Heiligen Römischen Reich war mit dem 16. Ökumenischen Konzil im Bistum Konstanz aufgehoben, und König Sigismund konnte mit dem Ergebnis hochzufrieden sein.
Auch die Kaufleute waren erleichtert, denn der untere Saal des Kaufhauses war vollgestopft mit eingelagerten Waren, und man hatte befürchtet, ein zu lang andauerndes Konklave könnte den geschäftlichen Ruin bedeuten. Ihr wichtigstes Handels- und Exportgut im Warenlager und -umschlagszentrum war rohe, gebleichte »Konstanzer Leinwand« von hohem Wert.

NEUER NAME

Ende des 18. Jh. wurde im Kaufhaus ein »Antiquitätenkabinett« mit Stücken aus der Zeit des Konzils im »Conciliums-Saal« eingerichtet, und fortan wurde bei den Konstanzern der Name »Konzilgebäude« geläufig. Seit 1912 wird das Konzil (S. 70) als Restaurant, Festsaal und Kongresszentrum genutzt. In der Renovierungsphase von 1968 bis 1970 blieben die Bausubstanz des dreigeschossigen, massiven Steinbaus und das immens große Walmdach erhalten. Neben dem Inselhotel ist das Konzil die markanteste Sehenswürdigkeit an der Uferlinie des Bodensees. Die große Seeterrasse zählt zu den schönsten Plätzen an der Konstanzer Bucht.

Auszug aus der Chronik des Konzils (15. Jh.)

Jubiläumsfeier in einem der kleinsten Länder Europas

Das Fürstentum Liechtenstein feierte im Jahr 2019 sein 300-jähriges Bestehen. Das Jubiläum war für die Einwohner Liechtensteins Anlass, sich mit der eigenen Geschichte zu befassen, und bietet Touristen seither Gelegenheit, das Fürstentum vor Ort noch näher kennenzulernen.

Als einziger Staat der Welt hat Liechtenstein seinen Namen durch die regierende Fürstenfamilie erhalten und ist durch das Fürstenhaus mit seiner mehr als 700-jährigen Geschichte eng mit Österreich und der Historie Europas verbunden. Schon 1699 erwarben die Fürsten von Liechtenstein das heutige Unterland – damals bekannt unter dem Namen Grafschaft Schellenberg – von den Grafen von Hohenems. 1712 kam der Kauf der Grafschaft Vaduz hinzu, das heutige Liechtensteiner Oberland. Im Jahr 1719 wurde die kleine Alpenmonarchie von Kaiser Karl VI. in den Status eines Reichsfürstentums erhoben. Damit begann eine Erfolgsgeschichte, die bis heute anhält, und Liechtenstein ist seither fester Bestandteil der europäischen Landkarte.

EIN SOUVERÄNER STAAT

Während das Land zur Zeit seiner Gründung noch Teil des Heiligen Römischen Reiches Deutscher Nation war, erlangte es 1806 im Rahmen der Gründung des Rheinbunds seine Souveränität. Auf dem Wiener Kongress

Wunderbarer Blick auf Vaduz, die Hauptstadt Liechtensteins. Im Schloss Vaduz residieren Fürst Hans-Adam II. und Fürstin Marie

Modernes Parlamentsgebäude in Vaduz

im Jahr 1815 wurde Liechtenstein als selbstständiger Kleinstaat in den Deutschen Bund aufgenommen. Neben Luxemburg ist das Fürstentum Liechtenstein das einzige Land des Staatenbundes, das seine Souveränität bis heute bewahren konnte.
Im europäischen Revolutionsjahr 1848 drohte auch in Liechtenstein die Rebellion. Diese wurde abgewendet, sodass der Absolutismus erhalten blieb. Zehn Jahre später wurde Johann II. als Fürst von Liechtenstein gekürt. Bereits 1862 trat eine neue konstitutionelle Verfassung in Kraft, die den Landtag als Volksvertretung vorsah. Zwar blieb der Fürst weiterhin an der Macht, doch war der Landtag in die Gesetzgebung eingebunden. 1921 wurde die Verfassung erneut überarbeitet und erhielt direktdemokratische Elemente wie Volksinitiative und Referendum.

MIT DEM PARTNER SCHWEIZ GING'S BERGAUF

Nach der Auflösung des Deutschen Bundes 1866 überstand das neutrale Fürstentum Liechtenstein ohne eigene Armee die Wirren des Ersten Weltkriegs. Durch den Zollvertrag mit Österreich wurde Liechtenstein aufgrund der wirtschaftlichen Sanktionen nach Kriegsende schwer getroffen. Textilbetriebe wurden stillgelegt, und die Bevölkerung litt Hunger. 1919 wurde der Zollvertrag gekündigt, 1923 ein neuer mit der Schweiz geschlossen – der Grundstein für die enge, bis heute bestehende Partnerschaft.
1938 verlegte Fürst Franz Josef II. von Liechtenstein seinen Wohnsitz ins Schloss Vaduz, in dem die fürstliche Familie noch heute residiert. Nach dem Zweiten Weltkrieg, in dem Liechtenstein ebenfalls Neutralität bewahrt hatte, entwickelte es sich vom armen Bauernstaat in ein Industrie- und Dienstleistungsland. Beitritte zu internationalen Organisationen sicherten die Souveränität des Landes. Heute ist Liechtenstein hochindustrialisiert und ein internationaler Finanzplatz, verfügt über das höchste Bruttoinlandsprodukt pro Kopf der Welt und hat keine Staatsschulden angehäuft.

Der Liechtensteiner Staatsfeiertag

Seit 1940 feiern die Liechtensteiner am 15. August ihren Staatsfeiertag. Dann findet im Städtle von Vaduz ein großes Volksfest und abends ein stimmungsvoller Fackelzug über den Fürstensteig statt. Zum krönenden Abschluss wird ein fulminantes Prachtfeuerwerk als grandiose Show am Nachthimmel gezündet. Infos unter *www.staatsfeiertag.li.*

Eine einzigartige Zeit auf See kann man an Bord der Weißen Flotte verbringen

Weiße Flotte – das strahlende Gesicht des Sees

Am leuchtenden Sommerhimmel der Zeppelin NT und Tausende Schiffe bei leichtem Wind auf dem blauen Wasser vor mächtiger Alpenkulisse – das ist das unvergleichliche Image des Bodensees ...

Ertönt in dem Getümmel auf dem See weithin hörbar dreimal hintereinander ein langes Tuten, heißt es Platz machen für die kleineren Segeljachten, Motor- und Tretboote. Denn dann naht ein Kursschiff der Weißen Flotte – und dieses hat selbstverständlich Vorfahrt.
Das historische und überaus geliebte Herzstück der Weißen Flotte ist das Dreideckmotorschiff »Schwaben«, das 1937 in Dienst gestellt wurde. Es steht für die Zeit der modernen Ausflugsschifffahrt der 30er-Jahre, wurde jüngst im Stil des Art déco ausgebaut und ist weiter auf Kursfahrt.

ANFÄNGE DER DAMPFSCHIFFFAHRT AUF DEM BODENSEE

1817 baute der Konstanzer Spinnereibesitzer Johann Caspar Bodmer das erste Dampfschiff für den Bodensee, allerdings aus Geldnot mit einer viel zu schwachen Maschine. Seine »Stephanie« fiel auf der Jungfernfahrt aus, die Ehrengäste mussten zurückrudern. Wenige Jahre später war es der Stuttgarter Verleger Cotta, der König Wilhelm I. von Württemberg den Floh zur Gründung einer Bodenseeschifffahrt ins Ohr setzte. Königliche Begeisterung!
Das erste Bodenseedampfschiff »Wilhelm« für 124 Passagiere wurde im November 1824 für die Strecke Friedrichshafen–Romanshorn in Dienst

gestellt. Es war die Initialzündung für die Bodenseeschifffahrt, die sich fortan mit vielen Aufs und Abs zwischen Baden, Bayern, Österreich und der Schweiz entwickelte.
Zur deutschen Reichsgründung 1871 nahm der luxuriöse Personenverkehr mit dem ersten Salondampfer »Kaiser Wilhelm« für 600 Passagiere die Fahrt auf. Viele Passagierschiffbauten folgten. Nach dem Ersten Weltkrieg, mit dem Wegfall der Monarchien, wurde die Bodenseeschifffahrt neu geordnet. In den 20er-Jahren puschte der wachsende Tourismus den Schiffbau. 1920 gilt als Beginn der Motorschifffahrt. Im Zweiten Weltkrieg erlitt die Bodenseeschifffahrt große Rückschläge. 1944 wurde der Schiffsverkehr komplett eingestellt, nach Kriegsende beschlagnahmten die französischen Behörden die deutsche Flotte. Erst 1948 erfolgte die Wiederaufnahme sämtlicher Kurse.

Alle aktuellen Eventfahrten, Fahrpläne und Preise unter *www.bsb.de*

SCHIFFFAHRT HEUTE

Seit 2003 sind die Konstanzer Stadtwerke Eigner der Bodensee-Schiffsbetriebe (BSB). Im Verbund der Vereinigten Schifffahrtsunternehmen (VSU) werden mit über 30 Motorschiffen und rund 70 Kapitänen fast 50 Häfen angesteuert, unzählige Ausflügler zu den schönsten Winkeln des Bodensees befördert und all jene ans Ziel gebracht, die kurzerhand nur das Seeufer wechseln wollen. Von Ostern bis in den Oktober fahren die Schiffe im Kursverkehr nach festem Fahrplan. In dieser Zeit lädt die Weiße Flotte dazu ein, den Bodensee zu erkunden, und bietet ein abwechslungsreiches Programm mit Fahrten beispielsweise zu den Bregenzer Festspielen, bei denen Opernspektakel wie »Madame Butterfly« auf der Seebühne aufgeführt werden, oder zu den großen Festen und Feuerwerken. Zahlreiche kulinarische Fahrten wie der »Suser Cruiser« verlocken zum Schlemmen auf See. Zudem gibt es unterschiedliche Mottofahrten, z.B. zum Osterbrunch, Adventstouren und Silvesterkreuzfahrten.

Die MS Schwaben ist im Innenbereich im Art-déco-Stil ausgestaltet

Vier-Seen-Blicke, Kunst und viel Natur

Bezaubernde Landschaften mit erholsamen Inseln, Naturschutzgebiete und kulturelle Vielfalt laden zu eindrucksvollen Abstechern und traumhaften Aussichtspunkten ein.

Die Tour auf einen Blick:

Start und Ziel: Fähranleger Meersburg
Gesamtlänge: ca. 145 km
Reine Fahrzeit inkl. Fährfahrt: 4,5–5 Std. (Tagestour)
Orte entlang der Route: Meersburg – Gottlieben – Arenenberg/Salenstein – Stein am Rhein – Gaienhofen – Radolfzell – Halbinsel Mettnau – Bodman-Ludwigshafen – Überlingen – Unteruhldingen

E1 VON MEERSBURG ZUM SCHLOSS ARENENBERG (21 km/55 Min.)

Wir setzen über den Obersee, passieren den Konstanzer Seerhein und lernen die malerischen Orte des Kantons Thurgau kennen

Mit der Fähre nach Konstanz

Los geht es mit der Meersburger Autofähre rüber nach Konstanz (S. 72). Dort auf der B33 der Beschilderung »Schweiz/Zentrum« etwa 6 km folgen. Obwohl es eine EU-Außengrenze ist, wird am Grenzübergang Tägerwilen bis auf Widerruf nicht kontrolliert. Auf der 13 biegen wir in Tägermoos nach Gottlieben (S. 163) ab und genießen im Gottlieber Seecafé (Espenstr. 9) am Seerhein mit Blick auf das Wollmatinger Ried (S. 73) die berühmten »Gottlieber Hüppen« zu einer Melange oder Tasse Schoki. Wenige Schritte sind es am Ufer entlang zu den schönen Fachwerkhäusern von Gasthof Drachenburg und Waaghaus und zum Schloss Gottlieben (13. Jh.), wo einst Jan Hus und Papst Benedict XIII. gefangen saßen. Etwas weiter nach dem ruhigen Seeort Ermatingen (S. 164) führt die Straße links der 13 hinauf zum Schloss Arenenberg (S. 165). Es erwartet uns eine sensationelle Aussicht über die weite Unterseelandschaft bis zu den eindrucksvollen Vulkanbergen des Hegau.

ADAC Traumstraße: Etappen 1 bis 6 (Detailplan siehe Faltkarte Rückseite)

E2 VON SALENSTEIN NACH STEIN AM RHEIN (18 km/35 Min.)

Am reizvollen Rheinsee entlang – im Blick die Welterbe-Insel Reichenau und die Halbinsel Höri

Von Mannenbach-Salenstein führt die »Seelinie 13« am Ufer des Rheinsees entlang nach Berlingen und Steckborn (S. 165), wo sich das gegenüberliegende deutsche Höriufer zeigt. Gleich hinter Berlingen lockt uns direkt an der Seestraße »pipo's BAR«. Das trendige Lokal mit Musik und herrlichem Seeblick lädt zum Verschnaufen ein, serviert werden Cocktails und liebevoll zubereitete Snacks. Oder mit Blick auf die Uhr vielleicht doch erst in Stein am Rhein (S. 166) im bunten Trubel der vielen Gasthäuser in mittelalterlichen Altstadtgassen oder am belebten Uferkai etwas Herzhaftes kosten? In Mammern erfrischt uns im beschaulichen Seebad oder später in Eschenz im Strandbad Staad ein kurzer Sprung ins Wasser. Danach sollten wir für den Kurzbesuch der frei zugänglichen Mini-Insel Werd (S.166) unbedingt Zeit einplanen. Zuvor haben wir kurz nach Mammern die Hauptstraße Richtung Ufer in die Seestraße verlassen, die bis Stein am Rhein zum Rhyweg wird und dort rechts über die historische Rheinbrücke bei romantischen Rheinimpressionen Richtung Oehningerstraße zum freien Grenzübertritt nach Deutschland führt. Hier heißt es dann für uns: »Uf Widerluege bella Helvetia!«

Achtung!
Die »Seelinie 13« wird auch von vielen Radlern genutzt.

Historische Rheinbrücke in Stein am Rhein (S. 53)

E3 AUF DEM WEG ZU OTTO DIX UND HERMANN HESSE

(11 km/20 Min.)

Kunst und Kultur auf der Halbinsel Höri – nur noch getoppt von den schönen Aussichten auf Rheinsee und Zeller See

Otto Dix
über die Höri: »Ein schönes Paradies. Zum Kotzen schön.«

Auch der Ort Öhningen im hinteren Teil der Höri birgt Sehenswertes wie die Blasiuskapelle in Kattenhorn (1520), ein kleines Mittelalterschloss und die Glasfenster in der Kirche St. Petrus, die der Maler Otto Dix entworfen hat. Wir fahren entlang der Steiner-, Höri-, Wangener- und Hauptstraße ins beschauliche Wangen. Unweit am Seeufer im Heimatmuseum Fischerhaus kann der Nachbau eines 6000 Jahre alten Pfahlbauhauses besichtigt werden. Auf der L192 erreichen wir die Gemeinde Gaienhofen mit ihren Orten Hemmenhofen, Gaienhofen, Horn und Gundholzen. Sie dehnen sich über 10 km direkt am Seeufer aus und sind durch das milde Klima beliebte Erholungsorte. Auch hier lassen sich viele Badeseestopps einrichten. Dieser mittlere Teil der Höri wurde als Rückzugsort vieler Künstler bekannt. Hermann Hesse und

Otto Dix (S. 82) sind in Gaienhofen zwei interessante Museen gewidmet.
Für eine Einkehr ist der Biergarten im Hotel Gasthaus Hirschen in Gaienhofen-Horn (S. 87) zu empfehlen. Das historische Wellnesshotel hat sich auch als hervorragende Unterkunft einen Namen gemacht und ist daher meist komplett ausgebucht. Ein kräftiger Espresso macht uns wieder munter für die Weiterfahrt Richtung Radolfzell.

E4 RUND UM DEN ZELLER SEE ZUR METTNAU (16 km/35 Min.)

Mit Siebenmeilenstiefeln durch die landwirtschaftlich geprägte Höri und von Radolfzell in die Idylle der Gesundheits-Halbinsel Mettnau

Landschaftlich reizvoll und beschaulicher bewegen wir uns weiter zum vorderen Teil der Höri Richtung Iznang und Moos. Streuobstwiesen, Gemüsefelder und Schilfuferzonen dominieren das Bild entlang der Straße. Hier wächst eine sehr wohlschmeckende Zwiebelsorte – die rötliche Höri-Bülle (S. 76). Ab Mitte August besteht die Möglichkeit, sie frisch getrocknet an der Landstraße L192 am Ortseingang Iznang gegenüber vom Strandbad am Obst- und Gemüsestand zu kaufen. Wir halten kurz an und decken uns damit ein, da man diese köstliche Knolle am Bodensee sonst nicht so häufig findet.
Nach dem Ort Moos fahren wir weiter auf der von Pappeln gesäumten Radolfzeller Straße und durchqueren das Naturschutzgebiet Achried. Hier kündigt sich schon die Stadt Radolfzell (S. 83) mit ihrem hohen spitzen Kirchturm an. In dem historischen Einkaufsstädtchen folgen wir der Beschilderung »Mettnau«. Der Weg führt durch die Radolfzeller Gewerbezonen, deren nüchterne Eindrücke jedoch von der friedvollen Halbinsel Mettnau rasch übermalt werden. Ein kurzer Fußweg durch den Park führt zum Mettnau-Turm, um einen Blick auf den Markelfinger Winkel – Rast- und Brutgebiet vieler Vogelarten – zu werfen.

Abstecher
Vor Radolfzell führen 13 km über die L220 und 34 nach Singen und von dort zur Festungsruine Hohentwiel mit Traumblick auf den Bodensee.

Im Vogelschutzgebiet am Zeller See

E5 ÜBER DEN BODANRÜCK NACH BODMAN-LUDWIGSHAFEN

(54 km/80 Min.)

Harmonische Dörfer, hügelige Landschaften und im Frühjahr blühende Obstwiesen – der Bodanrück ist ein Paradies für Wanderer und Radler

Hinweis
Bis 2027 wird die B 33 Radolfzell-Konstanz vierspurig, bei Hegne mit zwei Tunnels ausgebaut. Hohe Staugefahr in der Hauptferienzeit Juli–September.

Zurück in Radolfzell führt uns die Radolfzeller Straße durch Markelfingen und Allensbach am Gnadensee entlang Richtung Konstanz. Beim Mindelsee in der Nähe Markelfingens befindet sich (ausgeschildert) der Wild- und Freizeitpark Allensbach. Der Ort Allensbach brachte es dank des Instituts für Demoskopie zu Bekanntheit. An seiner Seepromenade, der »Lände«, bietet sich uns ein fantastischer Blick auf die Kirchen der Klosterinsel Reichenau (S. 79). Wir wechseln am Ortsende auf die 33 und biegen kurz nach Hegne bei Waldsiedlung auf die L221, um von hier über den Bodanrück nach Ludwigshafen (S. 90) an den Überlinger See zu fahren. Ein absolutes Highlight unserer Autoroute: Eiszeitlich geformte Hügel, so genannte »Drumlins«, prägen die Moränenlandschaft der Landzunge zwischen Untersee und Überlinger See. Anhöhen und Mulden, Moore und schöne Dörfer wechseln sich ab, immer wieder bieten sich einzigartige Aussichten. Auf der L221 führt uns der Weg sodann nach Litzelstetten. Hier öffnet sich ein herrlicher Panoramablick auf den Überlinger See, die Insel Mainau (S. 78) und die Alpen. Ab Dettingen auf der L220 nach Langenrain und Liggeringen führt uns der Weg hinunter nach Bodman-Ludwigshafen.

Abstecher
Bei Waldsiedlung geht's auf der 33 bei Pirminstraße durchs Wollmatinger Ried (S. 73) zur Insel Reichenau.

Fernblick über Allensbach auf die Klosterinsel Reichenau im Bodensee

E6 BIRNAU-BLICK AUF DEN ÜBERLINGER SEE (25 km/30 Min.)

Mit der abendlichen Sonne im Rücken erfreuen wir uns an faszinierenden Ausblicken am Ufer des Überlinger Sees von der Basilika Birnau und Meersburg

Basilika Birnau, umgeben von Weingärten

Die letzte Etappe unserer Autotour um die westliche Bodenseeregion zum Ausgangspunkt Meersburg führt auf der 31 seenah von Bodman-Ludwigshafen am Fuß der steilen Hänge des Sipplinger Bergs nach Überlingen (S. 92). Wir umfahren die Gesundheits- und Gartenstadt, genießen den wunderbaren Blick auf ihre Dächer und den Überlinger See. Nach wenigen Kilometern legen wir an der Basilika Birnau (S. 95) einen Stopp ein und erfreuen uns an der sensationellen Aussicht auf den See, die Garteninsel Mainau, Pfahlbauten und auf den Säntis. Wenige Autominuten weiter lassen wir Oberuhldingen der Gemeinde Uhldingen-Mühlhofen (S. 94) links liegen und wechseln am Ortsende auf die Bodenseestraße (E54) nach Unteruhldingen. Vom P1-Parkplatz zum See sind es fußläufig nur ein paar Schritte zum Reptilienhaus und wenige Minuten zum Pfahlbau-Freilichtmuseum (S. 94). Weiter am Uferweg entlang erreichen wir Meersburg (S. 97), stellen das Auto am besten gleich auf dem Parkplatz bei der Fähre ab und spazieren kurz hinauf in die Oberstadt. Von der Alten Burg oder vom Garten des Neuen Schlosses hat man einen wunderbaren Blick auf die Unterstadt und auf den weiten Obersee. Eine Einkehr in die renommierte historische Winzerstube zum Becher gehört in der Region traditionell zur Abrundung eines Meersburgbesuchs dazu. Wer nicht mehr fahren muss, darf sich auch einen Schoppen »Meersburger« gönnen.

Abstecher
Von Uhldingen-Mühlhofen führt die Tüflinger Straße zum Affenberg Salem (S. 96) und die Hauptstraße L201 zum Kloster und Schloss Salem (S. 96).

Hotelempfehlung:

€€–€€€ | Wenn Sie die Tour in zwei Tagesetappen fahren möchten, empfehlen wir eine Übernachtung im Hotel Gasthaus Hirschen Horn (S. 87) in Gaienhofen. Es ist ratsam, frühzeitig Zimmer zu reservieren. *www.hotelhirschen-bodensee.de*

Unterwegs

Majestätische Alpen, malerische Inseln, reizvolle Städte – rund um den Bodensee gibt es viel zu entdecken. Barocker Glanzpunkt am nördlichen Seeufer ist die Basilika Birnau.

Das will ich erleben

Die Vierländerregion Bodensee fasziniert mit ihrer Vielfältigkeit. Kunst- und Kulturinteressierte erleben fürstliche Momente in barocken Schlössern, Kirchen und Klöstern, besuchen Kunstausstellungen von Weltrang oder genießen eine Freilichtoper. Erlebnishungrige schnuppern Höhenluft bei einem Zeppelinflug, gleiten mit der Bodenseeschifffahrt über den See, wandern oder schweben mit Bergbahnen zu Aussichtspunkten mit herrlichen Weitblicken. Feste und Feuerwerke, Gaumenfreuden, feine Weine und herzliche Gastlichkeit machen die Region zu einem spannenden Reiseziel.

Kurzurlaub an Bord

Die Ruhe und die Weite des Bodensees lassen sich entspannt bei einer Schifffahrt genießen. Das beeindruckende Alpenpanorama macht eine Seefahrt zu einem unvergesslichen Ferienerlebnis. Wer die gewaltige Kraft von Wasser hautnah erleben möchte, begibt sich zum berühmten Rheinfall bei Neuhausen, wo riesige Wassermengen den Hochrhein hinabstürzen.

1 Konstanz 73
Genuss an Bord der Weißen Flotte

23 Bregenz 130
Dampferfahrt mit der »Hohentwiel«

44 Rheinfall bei Neuhausen 168
Abenteuerliche Schifffahrt zu den Rheinfelsen

Panoramablicke

Von vielen Aussichtspunkten lassen sich wunderbare Rundumblicke auf Alpen und Bodensee richten. Bei Föhnlagen ist der Säntis-Blick einfach grandios, und vom Pfänder weitet sich der Bodensee bis Konstanz. Rundflüge mit dem »Zeppelin NT« ergänzen das Panoramaerlebnis.

15 Friedrichshafen 107
Mit dem »Zeppelin NT« über See und Alpen

23 Pfänder 130
Vom Pfänder auf See und Alpengipfel

31 Säntis 146
Vom Säntis sechs Länder im Bergblick

40 Schloss Arenenberg 165
Traumblick auf die Unterseelandschaft

Weltkulturerbe

Die älteste Bibliothek der Schweiz und der St. Galler Stiftsbezirk sind UNESCO-Weltkulturerbe, ebenso die Insel Reichenau dank ihres großen mittelalterlichen Benediktinerklosters und die »Prähistorischen Pfahlbauten« in der Region. Die Rekonstruktion eines Dorfausschnitts wird im Freilichtmuseum Unteruhldingen gezeigt.

3 Insel Reichenau 79
Romanische Kirchen zwischen Gemüse und Wein

11 Pfahlbauten, Uhldingen-Mühlhofen 94
Hier wird die Jungsteinzeit lebendig

33 St. Gallen 148
Über 1200 Jahre Stadtgeschichte erleben

Barocke Prachtbauten

Prunkvolle Kirchen, Klöster und Schlösser reihen sich entlang der Oberschwäbischen Barockstraße zu einem monumentalen Gesamtkunstwerk.

11 Basilika Birnau 95
Barocke Pracht in der Wallfahrtskirche

12 Kloster und Schloss Salem 96
Reichtum und Prunk der ehemaligen Zisterzienserabtei

13 Neues Schloss Meersburg 98
Ehemalige Residenz der Konstanzer Fürstbischöfe

17 Basilika Weingarten 111
Die größte Barockkirche nördlich der Alpen

Burg- und Schlossromantik

Weithin sichtbar erhebt sich Burg Meersburg über den Bodensee, und auch Burg Gutenberg thront erhaben als Wahrzeichen der Liechtensteiner Gemeinde Balzers auf einem Felskopf im Rheintal. Das Deutschordenschloss Mainau wurde im 18. Jh. auf dem Burgstall der abgebrochenen Burg Mainau errichtet.

2 Schloss Mainau 78
Der prachtvolle Mittelpunkt auf der Blumeninsel

13 Alte Burg Meersburg 97
Mitten in der Welt des Mittelalters

30 Burg Gutenberg, Balzers 142
Romantische Festung hoch über dem Rheintal

Opernspektakel und Kunstgenuss

Der östliche Bodenseeraum brilliert mit Kunstsammlungen und Ausstellungen namhafter Künstler in bemerkenswert avantgardistischen Gebäuden. Einzigartig ist auch die weltweit größte Seebühne vor Bregenz, auf der spektakuläre Freilichtopern aufgeführt werden.

6 Kunstmuseum Singen 84
Werke der »Höri-Maler« Otto Dix und Erich Heckel

23 Bregenzer Festspiele 128
Mit großer Oper auf der Seebühne

27 Hilti Art Foundation, Vaduz 139
Schätze im Kunstmuseum Liechtenstein

Feste und Feuerwerke

Höhepunkte vieler Sommerfeste in der Bodenseeregion sind glanzvolle Feuerwerke. Das Konstanzer Seenachtfest vor der einzigartigen Kulisse des nächtlichen Bodensees hat dabei bisher alle Himmelsspektakel übertrumpft.

1 Konstanzer Seenachtfest 76
Feiern und schlemmen bis spät in die Nacht

15 Seehasenfest, Friedrichshafen 108
Das große fünftägige Heimatfest am Bodenseeufer

23 Hafenfest, Bregenz 130
Kulinarisch-musikalisches Genussprogramm

27 Großfeuerwerk, Vaduz 140
Glanzpunkt am Liechtensteiner Staatsfeiertag

Feine Tropfen probieren

Winzer und Weingüter stellen ihre Wein- und Sektspezialitäten im Rahmen von Degustationen vor. Beliebte Rebsorten sind Müller-Thurgau, Muskateller, Weißherbst, Rosé, Grau-, Weiß- und Spätburgunder.

13 Meersburg 98
Weine in Probierschlucken im vineum bodensee

14 Hagnau 99
Zu Gast im Winzerverein Hagnau

15 Friedrichshafen 106
Weine kosten in der Vinothek Schloss Friedrichshafen

21 Wasserburg 115
Weinprobe im Pinot Die Weinbar

Köstliche Speisen bei Traumsicht

Der Genuss saisonaler Produkte nimmt nicht nur in der Spitzengastronomie einen hohen Stellenwert ein. Fischspezialitäten, Wild, herrliches Gemüse, regionale Traditionsgerichte und wunderbare Weine sind das Markenzeichen der Bodenseeküche.

1 Konstanz 75
Zwei-Sterne-Gourmetrestaurant Ophelia

2 Insel Mainau 79
Blütenpracht und Genuss

13 Meersburg 98
Gaumenfreuden in der Winzerstube zum Becher

23 Bregenz 130
Kulinarik pur im Casino Restaurant Falstaff

Einkaufsverführung

In verwinkelten Altstadtgassen lässt es sich gemütlich bummeln. Das vielfältige Warenangebot steckt oft voller Überraschungen.

1 Konstanz 75
Shopping in über 400 Geschäften der Altstadtgassen

13 Meersburg 99
Herrliche Kulisse zum Einkaufen und Genießen

22 Lindau 121
Flanieren und in vielen kleinen Läden stöbern

33 St. Gallen 148
Einkaufsparadies Multer- und Marktgasse

Wanderlust

Für das Wandern direkt am Bodensee oder in den Hügellandschaften und Bergen finden sich traumschöne und erlebnisreiche Wegstrecken.

1 Wollmatinger Ried 73
Ältestes Naturschutzgebiet im Landkreis Konstanz

29 Adler-Erlebnis-Wanderung 141
Mit Adlerdame »Taiga« in der Bergwelt Malbuns

31 NaturErlebnispark 146
Themenwanderungen am Säntis

44 Kleiner Rheinfall Rundweg 168
Den Rheinfall bei Neuhausen umwandern

Konstanz und Umgebung

Idyllische Schifffahrt auf Rhein- und Untersee, Gärten, Literaten, Maler, Welterbe – die Schatzkiste Bodensee West ist prall gefüllt!

Reisende finden am westlichen Bodensee natürlich belassene Ufer mit einzigartiger Flora und Fauna. Herrliche Inseln, trutzige Buchten und sanfte Anhöhen, Burgen, romantische Schlösser sowie ein hochkarätiges Kultur- und Shoppingangebot im pulsierenden Konstanz. Wahre Schätze sind in den Kirchen und Kapellen am westlichen Bodensee zu entdecken. Die Kirchengeschichte am See beginnt im frühen Mittelalter mit der Gründung des Bistums Konstanz. Schon im achten Jahrhundert folgten die Klostergründungen St. Gallen und Reichenau, die prägend für die gesamte Bodenseeregion werden sollten. Wer es in dieser anregenden Umgebung sportlich mag: Fürs Wandern, Radeln, Kanu- und Kajakfahren, Stand-up-Paddling, Kite-Surfen und Drachensegeln steht alles bereit. Und überall feinste Verwöhngastronomie, die hilft, im Urlaub einen Gang herunterzuschalten – sich der Schönheit des westlichen Bodensees genüsslich hinzugeben. Ein weiterer ganz heißer Tipp für das »Seelebaumeln-Lassen« – einfach vom Konstanzer Hafen aus in See stechen und mit der Weißen Flotte über den Ober- oder Untersee gleiten.

In diesem Kapitel:

1 Konstanz 66
2 Insel Mainau 78
3 Insel Reichenau 79
4 Gaienhofen 81
5 Radolfzell 83
6 Singen 84
Übernachten 87

ADAC Top Tipps:

1 Konstanz
| Altstadtbild |
In der pulsierenden Konzil- und Universitätsstadt mit ihren prächtigen mittelalterlichen Bauwerken herrscht entspannter Lifestyle. 66

2 Insel Mainau
| Garteninsel |
Das berühmte Gartenparadies im Überlinger See versprüht mediterranen Charme und lockt zu jeder Jahreszeit. 78

ADAC Empfehlungen:

1 Imperia, Konstanz
| Skulptur |
Die Statue des Bildhauers Peter Lenk zeigt allegorisch die Macht der Edelkurtisane über Papst und König. 67

(2) Steigenberger Inselhotel, Konstanz

| Ehemaliges Kloster |

Im geschichtsträchtigen Gebäude residiert heute ein Luxushotel. 70

(3) Münster Unserer Lieben Frau, Konstanz

| Kirche |

Vom Turm des ehemaligen Bistumssitzes genießt man einen herrlichen Blick über Konstanz. 71

(4) Insel Reichenau

| UNESCO-Weltkulturerbe |

Eine lebendige Verbindung zwischen Gegenwart und Vergangenheit. 79

1 Konstanz

Pulsierendes Leben in der größten Stadt am Bodensee

Blick vom Münsterturm über Konstanz und die Konstanzer Bucht

Information

- Tourist-Information, Bahnhofpl. 43 (im Bahnhof), 78462 Konstanz, Tel. 075 31/ 13 30 30, www.konstanz-tourismus.de
- Parken: siehe S. 74

1 *Mittelalterflair, Kunst, Kultur, Shopping und Genuss*

Zur Zeit des Konstanzer Konzils von 1414 bis 1418 – dem größten Zusammentreffen von Kardinälen, weltlichen Fürsten, Religions- wie Rechtsgelehrten und dem Gegenpapst Johannes XXIII. auf Einladung des deutsch-römischen Königs Sigismund – war Konstanz (gespr. »Konschtanz«) geistiger und politischer Mittelpunkt der christlichen Welt. Reisende, die den Mächtigen an den Bodensee gefolgt waren, logierten in gemieteten Unterkünften, erkundeten und genossen die charmante Region des Untersees, fuhren Schiff, besuchten die Klosterinsel Reichenau, Meersburg und Überlingen oder die Wallfahrtsstätten rund um den See. Sie feierten Feste, kauften ein und ließen sich Speis und Trank munden – ganz so wie heute, 600 Jahre später, der Konstanztourist der Neuzeit. Heute ist Konstanz, dessen Geschichte bis in die Römerzeit zurückreicht, mit rund 85 000 Einwohnern die größte Stadt

Plan
S. 68/69

am Bodensee. Die moderne Exzellenz-Universität bildet mit rund 11 400 Studenten aus und beschert Konstanz den internationalen Ruf einer renommierten Stadt der Lehre und Forschung.

Konstanz wurde im Zweiten Weltkrieg nicht bombardiert. So blieb das Stadtbild mit mittelalterlichen Bauwerken im Altstadtkern erhalten. Entlang der trubeligen Marktstätte wurden die Fassaden der Häuser liebevoll saniert. Zwischen Münster und Rhein liegt der Stadtteil Niederburg. Hier wandelt man durch enge historische Gassen und genießt die mittelalterliche Atmosphäre. Von der alten Rheinbrücke führt die prächtige Promenade der Stadt, die Seestraße, vorbei an Villen und dem Luxushotel »Riva« bis zum Casino Konstanz. Rings um diese Flaniermeile im Stadtteil Petershausen hat die Konstanzeleganz ihr sichtbares Zuhause.

Sehenswert

1 Imperia

| Skulptur |

1 *Macht der Edelkurtisane über Papst und König*

Laut Chronist Ulrich von Richental waren zur Zeit des Konstanzer Konzils rund 700 Kurtisanen in der Stadt anwesend. Der Bildhauer Peter Lenk hat dieses liebesdienerische Tabuthema allegorisch und satirisch mit der neun Meter aufragenden Statue »Imperia« aufgegriffen und in Beton gegossen. Als Zeichen ihres großen Einflusses hält die mittelalterliche Dirne die nackten Figuren von Papst Martin V. und König Sigismund in ihren Händen. 1993 wurde die Imperia an der Konstanzer Hafeneinfahrt bei Nacht und Nebel auf

ADAC Spartipp

Mit der **Bodenseecard West** fahren Urlauber, die am westlichen Bodensee übernachten, kostenfrei mit den öffentlichen Verkehrsmitteln Bus und Bahn – kein Verkehrsstau, keine Parkplatzsuche. Auch die Schifffahrt bietet Ermäßigung auf den Fahrpreis. Über 60 Ausflugsziele gewähren kostenfreien Eintritt oder Rabatte bei Vorlage der Karte.

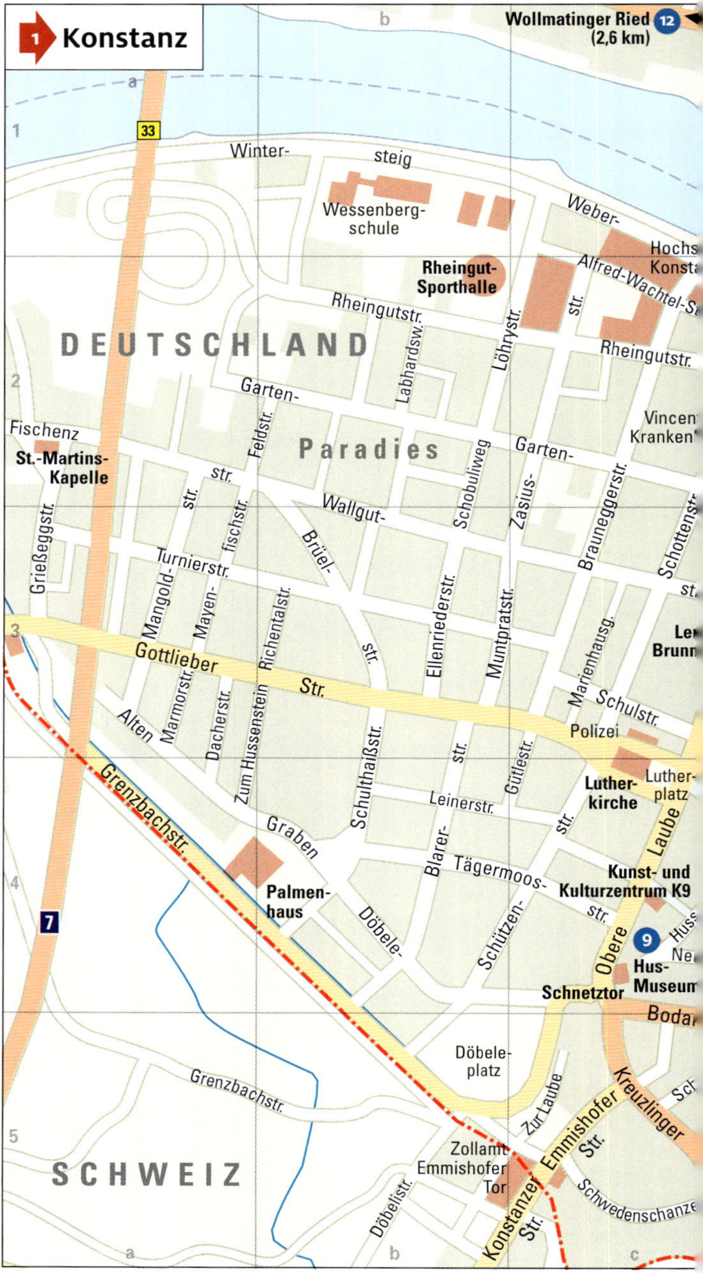
1 Konstanz
Wollmatinger Ried (2,6 km)
12
33
7
Winter-
steig
Wessenberg-
schule
Weber-
Rheingut-
Sporthalle
Alfred-Wachtel-
Rheingutstr.
DEUTSCHLAND
Labhardsw.
Löhrystr.
str.
Garten-
Paradies
Fischenz
St.-Martins-
Kapelle
Feldstr.
str.
Wallgut-
Schobuliweg
Zasius-
Brauneggerstr.
Grießeggstr.
fischstr.
Brüel-
Turnierstr.
Mangold-
Mayen-
Richentalstr.
Ellenriederstr.
Muntpratstr.
Marienhausg.
Gottlieber
Str.
Schulstr.
Polizei
Alten
Marmorstr.
Dacherstr.
Zum Hussenstein
Schulthaißstr.
Gütlestr.
Luther-
kirche
Luther-
platz
Leinerstr.
Laube
Grenzbachstr.
Graben
Blarer-
Tägermoos-
str.
Kunst- und
Kulturzentrum K9
Palmen-
haus
Döbele-
Schützen-
Obere
9
Hus-
Schnetztor
Döbele-
platz
Grenzbachstr.
Zur Laube
Emmishofer
Kreuzlinger
Zollamt
Emmishofer
Tor
SCHWEIZ
Döbelistr.
Konstanzer
Str.
Schwedenschanze

33
Ebert-platz
Petershauser Str.
M.-Venedey-Str.
Landrats-amt
Sozial-Jugendamt
Eisenbahnstr.
Hegaustr.
Theodor-Heuss-Str.
St. Gebhard
Fr.-Hug-Str.
Paulus-kirche
Hallen- u. strandbad
Spanier-str.
Benediktiner-platz
Polizei
33
Mainaustr.
Säntis-str.
Grün-
Archäolog. Landesmuseum
4
Rhein
Sternen-platz
C.-Gröber-Str.
Glärnischstr.
Casino
Pulverturm
Seestr.
Yachthafen
Rheinsteig
Rhein-torturm
Schreibergasse
Konradig.
Nieder-burgg.
Rheing.
Brückeng.
Konzil-str.
Dominikanerinsel
Susosteig
2
3
Steigenberger Inselhotel
Haus zur Kunkel
5
3
Stadttheater
6
Münster Unserer Lieben Frau
Schwanenteich
Bibl.
Alt-stadt
Susosteig
Stadt-garten
Zollernstr.
Hohes Haus
Südwestdt. Philharmonie
Konstanzer Bucht
Zum Goldenen Löwen
Konzilgebäude
1
Fisch-markt
2
Zeppelin-denkmal
1
Imperia
Münzgasse
zum Hafen
Brot-laube
Bundesbahnhfn.
Marktstätte
Rosgartenstr.
8
Rosgarten-museum
Hafenstr.
11
Weiße Flotte
Sigismundstr.
Bahnhofplatz
Yacht-hafen
Bahnhof-str.
DB
Deutscher Bahnhof
Spiegelhalle
Schweizer Bahnhof
Zollamt Güterbahnhof
10
Sea Life Konstanz
Wiesenstr.
Hafenstr.
Festplatz Klein-Venedig
0
450 m

Gefällt Ihnen das?

Skulpturen von Peter Lenk sind in der gesamten westlichen Bodenseeregion zu sehen, so auch in **Singen** (S. 84), **Überlingen** (S. 92), **Meersburg** (S. 97), **Radolfzell** (S. 83) und **Bodman-Ludwigshafen** (S. 90)

dem Privatbesitz der Deutschen Bahn aufgestellt. Was zunächst einen riesigen Skandal in kirchlichen und konservativen Kreisen auslöste, ist heute nicht mehr wegzudenken. Die Edelkurtisane Imperia ist Kult, beliebtes Fotomotiv und mittlerweile ein bedeutendes Wahrzeichen der Stadt.

■ Hafenstraße

2 Konzilgebäude

| Historisches Gebäude |

Während des Konstanzer Konzils wurde die Kirchenspaltung aufgehoben und Oddo di Colonna im Konzilgebäude zum alleinigen Papst Martin V. gewählt. Das »Conciliumsgebäude« aus dem Jahr 1391 wurde als Lager- und Versammlungshaus genutzt. Heute finden in dem mittelalterlichen Profanbau Veranstaltungen statt. Die Seeterrasse des Restaurants lädt zum längeren Verweilen in der stimmungsvollen Hafenatmosphäre ein.

■ Hafenstraße 2, www.konzil-konstanz.de

3 Steigenberger Inselhotel

| Ehemaliges Kloster |

2 *Kerkerort für Reformator Jan Hus und Geburtshaus Graf Zeppelins*

Auf der kleinen Insel vor der Niederburg wurde 1235 das Dominikanerkloster in herrlichster Seelage gegründet. In dem historischen Gemäuer ist heute das luxuriöse Inselhotel Steigenberger (S. 87) beheimatet. Zur Zeit des Konzils logierten hier zahlreiche Gäste. Der als Ketzer angeklagte Reformator Jan Hus verharrte monatelang im Klosterkerker. Im ehemaligen Kirchenschiff sind sakrale Wandmalereien aus dem 13. Jh. zu sehen. Nach der Säkularisation nutzte die Unternehmerfamilie Macaire das Gebäude als Textilfabrik. Hier kam am 8. Juli 1838 Ferdinand als Sohn des Hofmarschalls und Baumwollfabrikanten Friedrich Graf von Zeppelin zur Welt.

■ Auf der Insel 1, Tel. 075 31/12 50

4 Archäologisches Landesmuseum

| Landesmuseum |

Das Archäologische Landesmuseum Baden-Württembergs (ALBW) stellt Forschungsergebnisse von 8000 v. Chr. bis ins 19. Jh. aus. In der Außenstelle Konstanz, im Konventgebäude der ehemaligen Benediktinerabtei Petershausen, sind Funde aus der Konstanzer Umgebung zu sehen, darunter die »Trossinger Leier«, ein Zupfinstrument der Alemannen um 580.

■ Benediktinerpl. 5, Tel. 075 31/98 04-0, www.alm-konstanz.de, Di–So, Fei 10–18 Uhr, 6 €, erm. 5 €, 1. Sa/Monat Eintritt frei

5 Haus zur Kunkel

| Fresken |

Im Haus zur Kunkel wurden erst 1936 sensationelle Schätze entdeckt – mittelalterlicher Fresken aus dem frühen 14. Jh. Es ist zurzeit das einzige profan genutzte Gebäude mit Wandmalereien aus dem Parzifal-Epos des Wolfram von Eschenbach. Gut erhalten sind die kunsthistorisch bedeutenden Weberfresken der für die damalige Zeit unge-

Die »Majestas Domini« in der Krypta des Münsters ist ein einzigartiger Schatz

wöhnlichen Darstellungen von Frauen bei der Flachs- und Seidenverarbeitung.

■ Münsterpl. 5, Besuch/Anmeld. Kulturbüro, Tel. 075 31/900 29 00

6 Münster Unserer Lieben Frau

| Kirche |

3 *In der Krypta wird die Goldscheibe »Majestas Domini« aufbewahrt*

Das Münster Unserer Lieben Frau (um 600 erbaut, erstmals 780 urkundlich erwähnt) war das wichtigste kirchliche Gebäude in Konstanz, worin die Bischöfe von 600 bis 1821 ihren Bistumssitz hatten. In der ehemaligen Bischofskathedrale, die auch heute noch alle städtischen Bauwerke überragt, fanden viele Veranstaltungen des Kirchenkonzils statt. Nach Aufhebung des Bistums 1821 wurde das Münster römisch-katholische Pfarrkirche. Die dreischiffige Säulenbasilika zählt zu den bedeutendsten romanischen Kirchen Südwestdeutschlands. Fantastische Chorräume, die Krypta mit der Goldscheibe »Majestas Domini« als einzigartiger Schatz der christlichen Welt, Barockaltäre und die angrenzende vorromanische Mauritiusrotun-

ADAC Mittendrin

»Ho Narro!« – der »**Schmotzige Dunschtig**« (Donnerstag vor Aschermittwoch) ist der höchste Feiertag der fünften Jahreszeit. Er versetzt ganz Konstanz außer Rand und Band. Zum nächtlichen Hemdglonkerumzug versammeln sich Tausende Narren jeden Alters in weißen Schlafgewändern, mit weißen Handschuhen und Nachtmützen auf dem Kopf, um begleitet von Fanfarenzügen lärmend durch die Konstanzer Altstadt zu ziehen und die proppevollen Wirtshäuser zu erstürmen. Hinein quetscht man sich noch durch die Tür, doch raus geht's nicht selten am besten wieder aus den Fenstern.

de, um 940 von Bischof Konrad von Konstanz in Anlehnung an die Jerusalemer Grabeskirche gebaut, sind zu besichtigen. Eine steile, enge Treppe mit 193 Stufen führt auf den Münsterturm. Dort oben verlockt ein schöner Blick auf Konstanz, Kreuzlingen und die Konstanzer Bucht.

■ Münsterpl. 1, Führung (Sommer/Anmeld.), Tel. 075 31/906 20, Turmbesichtigung (Karten am Verkaufsstand), Anfang April–31. Okt. Di–So 12.30–16 Uhr, 2 €, Kinder 1 €

7 St. Stephan

| Basilika |

Die dreischiffige Basilika St. Stephan mit ihrer klar gegliederten Baustruktur und dem seitlichen Turm gilt als älteste Kirche in Konstanz und reicht in die Römerzeit zurück. Während des Konstanzer Konzils (1414–1418) diente die Stephanskirche dem päpstlichen Gericht als Tagungsort. Ihre Ausstattung wurde im Bildersturm zur Zeit der Reformation vernichtet. St. Stephan wurde im Laufe der Jahrhunderte mehrfach umgebaut.

■ Sankt-Stephans-Pl. 12

ADAC Mobil

Die **Autofähre Konstanz–Meersburg** ist mit 15 Min. Fahrtzeit die schnelle Alternative zur Pkw-Fahrt der 58 Kilometer langen Strecke um den Überlinger See. Konstanz/Staad: Kurse ab 0.05–23.05, Meersburg: 5.35–22.35 Uhr alle 15 Min. (Saison), Preis/Person 3,40 €, Kinder 1,70 €, Pkw ab 8,40 €; Tickets an Bord, Bargeld und Kartenzahlung. Wer auf sein Auto für die Überfahrt verzichtet, findet in Konstanz Parkplätze.

8 Rosgartenmuseum

| Museum |

Das Rosgartenmuseum – 1870 von Apotheker und Stadtrat Ludwig Leiner gegründet – präsentiert städtische und regional bedeutende Exponate der Kunst- und Kulturgeschichte. Das im Mittelalter Metzgern, Krämern, Apothekern, Hafnern und Seilern dienende Zunfthaus wurde 1324 erstmals erwähnt. Vom Zusammenschluss mit dem Nachbarhaus »Zum Schwarzen Widder« (1454) zeugen heute am Museumsportal die Wappen beider Häuser. Im Museumscafé wird in historisch stilvollem Ambiente an Persönlichkeiten der Stadtgeschichte erinnert. In der wärmeren Jahreszeit bietet der idyllische Innenhof die Möglichkeit zur Entspannung.

■ Rosgartenstr. 3–5, Tel. 075 31/900 22 45, www.rosgartenmuseum.de, Di–Fr 10–18, Sa, So, Fei bis 17 Uhr, 3 €, Kinder 1,50 €

9 Hus-Museum

| Museum |

Die Stadt Konstanz und das tschechische Kulturministerium halten im Hus-Museum die Erinnerung an Leben und Werk des tschechischen Gelehrten und Reformators Jan Hus wach, der am 6. Juli 1415 wegen Ketzerei vom Konzil zum Tode auf dem Scheiterhaufen verurteilt wurde.

■ Hussenstr. 64, Tel. 075 31/290 42, Anfang April–Ende Sept. Di–So 11–17, Okt.–März Di–So 11–16 Uhr, Eintritt frei

10 Sea Life Konstanz

| Erlebnisaquarium |

Das »Sea Life Konstanz« mit über 3500 Tieren aus aller Welt wie Riesenpacus, Buntbarsche, Pfauenaugenstechrochen, Stirnlappenbasilisken, Tiger-Spatelwelse und Pfeilgiftfrösche tummeln sich in

Mittelalterliche Ikonen im Rosgartenmuseum

über 30 Becken. Hier befindet sich auch das Bodensee-Naturmuseum, das die Entstehung des Bodensees und seinen Lebensraum für Tiere und Pflanzen spannend zur Schau stellt.

■ Hafenstr. 9, Tel. 01 80/666 69 01 01, www.visitsealife.com, Sept.–Juli 10–17, Aug. 10–18 Uhr, 18,75 €, Kinder ab 3–14 J. 13,50 €, www.konstanz.de/bodensee-naturmuseum, Mo–So 10–17 Uhr, 2 €, Kinder 4–14 J. 1 €

11 Weiße Flotte

| Bodenseeschifffahrt |

Von Konstanz aus erkundet man den Untersee am besten mit dem Zeller-See-Ticket der »Weißen Flotte«. Die Tour führt durch das nur 2 km lange Nadelöhr des Seerheins in eine so ganz andere Bodenseewelt. Entspannt tuckern die Schiffe der Konstanzer Bodensee-Schiffsbetriebe (BSB) durch eine urige Seenlandschaft der deutschen und schweizerischen Ufer. Sportlich ist, die Unterseelandschaft und ihre vielfältigen Sehenswürdigkeiten mit Schiff und Rad zu erleben. Eine schöne Route ist es zudem, von Konstanz nach Mannenbach und von dort an Bord eines Schiffs zur Insel Reichenau zu fahren. Danach dann weiter nach Radolfzell radeln.

■ Zeller-See-Ticket, BSB, Hafenstr. 6, Tel. 075 31/364 00, www.bsb.de

12 Wollmatinger Ried

| Naturschutzgebiet |

Im Landkreis Konstanz sind 65 Naturschutzgebiete ausgewiesen, das älteste (1938) ist das Wollmatinger Ried. Es ist nicht frei zugänglich. Exkursionen des Naturschutzbunds NABU ermöglichen die Beobachtung seltener Tier- und Pflanzenarten. Zwei Lehrpfade mit Beobachtungsplattformen an der Spitze

Plan S. 68/69

Im Blickpunkt

Das Wollmatinger Ried

Das Naturschutzgebiet »Wollmatinger Ried-Untersee-Gnadensee« ist das größte Naturschutzgebiet am Bodensee. Hier findet man rund 300 Vogelarten, zahllose Orchideen- und Enziansorten, Säugetiere, Amphibien und Insekten. Es ist Rastgebiet für Schwimmvögel sowie Brut- und Überwinterungsgebiet für Feuchtgebietsvögel. Weitläufige Streuwiesen, undurchdringbare Schilfurwälder und großflächige Flachwasserzonen schützen das Ufer des Sees. Im Sommer blühen dort Sibirische Schwertlilien, Pracht- und Karthäusernelken, blaue Glockenblumen und das weiße Taubenkropf-Leimkraut. Fluss-Seeschwalben, Schwarzhalstaucher, Haubentaucher, Zwergrohrdommeln, Sumpfrohrsänger, Drosselrohrsänger, Teichrohrsänger und Rohrammern ziehen ihre Vogelkinder gut geschützt im Schilf auf – ihr tschilpendes reges Familienleben ist von einer Aussichtsplattform aus gut zu beobachten.

der Halbinsel Mettnau, am Campingplatz Hegne und auf dem Reichenauer Inseldamm stehen Naturliebhabern zur Verfügung, die selbstständig auf Erkundungstour gehen wollen. Stabiles Schuhwerk, Gummistiefel, lange Hosen, Regenzeug, ein Fernglas und im Sommer Sonnen- und Mückenschutz mitnehmen. Hunde dürfen nicht ins Ried.

■ Aktuelle Führungen unter NABU-Bodenseezentrum, Am Wollmatinger Ried 20, 78479 Reichenau, Tel. 07531/921 66 40, www.nabu-bodenseezentrum.de

Parken

Alle Parkhäuser in der Konstanzer Innenstadt im Überblick mit Öffnungszeiten und Tarifen unter: www.konstanz.de, Suchwort »Parkleitsystem«

Restaurants

€ | Historische Fähre Konstanz am Hafen Im Sommer bei schönem Wetter tagsüber kleine Speisen an Deck. ■ www.HFKN.de, Plan S. 68/69 e4

€ | Tamaras Weinstube Zum Guten Hirten Urige Dünnele und Ochsenmaulsalat. ■ Zollernstr. 6–8, Tel. 075 31/28 43 18, www.weinstube-zum-guten-hirten.de, Di–Sa 16–24 Uhr, Plan S. 68/69 d3

€ | Weinstube Franz Fritz Seit 1422 im Haus zur Mugge. Qualitätsweine aus dem In- und Ausland trinken und kaufen. ■ Niederburggasse 7, Tel. 075 31/297 47, Mo–Sa 17–24, Mi 10–14, 17–24 Uhr. Weinhandlung Franz Fritz, Tel. 07531/213 67, Mo, Di 10–13, 15–18.30, Do, Fr 10–13, 16–23.30, Sa 10–13 Uhr, Plan S. 68/69 d2

€–€€ | Brauhaus Joh. Albrecht Konstanz Hausgebrautes Bier, gutbürgerliche Küche. ■ Konradigasse 2, Tel. 075 31/250 45, www.brauhaus-joh-albrecht.de, tgl. 12–24 Uhr, Plan S. 68/69 d2

€–€€€ | Umami Sushi & Grill Gegrilltes stammt aus dem Josper Holzkohleofen, die Sushis sind euro-asiatisch inspiriert. ■ Sigismundstr. 12, Tel. 075 31/ 284 21 49, www.umami-konstanz.com, Mo–Sa 11.30–23 Uhr, Plan S. 68/69 d4

€€€ | Ophelia Zwei-Sterne-Gourmetrestaurant in gepflegter Jugendstilvilla. Küchenchef Dirk Hoberg bringt moderne Haute Cuisine mit Weinempfehlungen von Maître und Sommelier Werner Hinze auf den Tisch. Kinder ab 8 J. willkommen, Haustiere sind nicht erlaubt. ■ Seestr. 25, Tel. 075 31/36 30 90, www.restaurant-ophelia.de, Do–Mo ab 19 Uhr, Plan S. 68/69 f2

Einkaufen

Konstanz ist ein Einkaufsparadies und eine Shoppingverführung par excellence: Über 400 Fachgeschäfte in den Gassen der Altstadt und das LAGO, die größte Einkaufsmall am Bodensee, locken mit einem riesigen Warenangebot und günstigen Überraschungen.

ADAC Wussten Sie schon?

Die **Autofähre Konstanz–Meersburg** (gegr. 1928) ist Europas frequenz- und beförderungsstärkste Binnen-Fährverbindung. Die Schiffe der Stadtwerke Konstanz transportieren auf der 4,8 km langen Strecke an 365 Tagen im Jahr rund um die Uhr über vier Millionen Fahrgäste, ca. 1,4 Mio. Pkws, dazu kommen Räder, Busse und Lastwagen. Rund 320 000 Kilometer werden so zurückgelegt – knapp acht Erdumrundungen.

Auf dem Konstanzer **Weihnachtsmarkt** wird Kunsthandwerk an reich geschmückten Buden angeboten.

Kneipen, Bars und Clubs

Kantine KN Am Abend und an Wochenenden bis in die frühen Morgenstunden ein begehrter Club. Preiswer-

Das LAGO lässt Einkaufsherzen höherschlagen

Im Blickpunkt

»Höri-Bülle« und Genussurlaub an Bord

Die Untersee-Gastronomie verwöhnt mit vielen kreativ zubereiteten regionalen Produkten und besonderen Fischspezialitäten. Ein Geheimtipp ist die milde, aromatische »Bülle«. Dieser auf der Halbinsel Höri traditionell – und nur mit eigenem Saatgut (!) – angebauten Diva unter den Zwiebelsorten wird jährlich am ersten Sonntag im Oktober in der kleinen Gemeinde Moos ein großes Fest gegeben, das Büllefest. Dann lassen sich Tausende Büllefans frischen Zwiebelkuchen und weitere Köstlichkeiten zu einem guten Tropfen Wein schmecken. Selbst Ausflugsschiffe verwandeln sich sodann in schwimmende Genusstempel. Da wird vor herrlicher Naturkulisse an Bord nach Herzenslust gebruncht, zum Pasta-Plausch verlockt, gegrillt oder zur deftigen Schlachtplatte mit Kartoffelpüree und Sauerkraut bei Livemusik in See gestochen.

ter Mittagstisch mit kleiner Speisekarte. ■ Oberlohnstr. 3, www.kantine-kn.de, Plan S. 68/69 a1

Klimperkasten Cocktailbar (bis 3 Uhr) mit gemütlichem Ambiente in zentraler Lage. ■ Bodanstr. 40, Plan S. 68/69 c4

Events

Auf dem **Konstanzer Seenachtfest** am 2. Augustwochenende sind Feiern, Schlemmen und seit 2022 wieder spektakuläre Klangfeuerwerke angesagt. Ein Festival, das man erlebt haben sollte. ■ Festmeile: Seestraße, Stadtgarten bis Schweizer Grenze. Programm und Tickets online unter www.seenachtfest.de, Plan S. 68/69 f2

Erlebnisse

Das thematisch äußerst vielfältige und spannende Angebot von Stadtführungen lässt über 2000 Jahre Konstanzer Zeitgeschichte lebendig werden. Ein ganz besonderes Erlebnis dabei sind die inszenierten **Kostümführungen**. Man schreitet mit Imperia, Landsknecht, Spielmannsfrau, Nachtwächter, Jan Hus oder Henker durch die Gassen der Stadt und lauscht erfundenen Geschichten, Gedichten, Liedern, Anekdoten, wahren Begebenheiten und Legenden. ■ Anfragen bei Christine Furtwängler, Tel. 075 31/13 30 26, www.konstanz-info.com, Altstadt-Rundgang ab 10 €

Entspannung

Konstanzer Bodensee-Therme In der Thermenlandschaft, die mit reinem Mineral-Thermalwasser gespeist wird, tut sich in moderner Architektur eine Wassererlebniswelt der Spitzenklasse auf. Sauna, Thermalbad und Wellness-

Im Sea Life sind Kinder den Meerestieren ganz nah

zone verwöhnen rundum und sorgen für Tiefenentspannung. Den Sommer über lädt das dazugehörende große Freibad zum Baden und Erholen ein.
■ Zur Therme 2, Tel. 075 31/ 36 30 70, www.therme-konstanz.de, tgl. 9–22, 10,50 € (1,5 Std.), Freibad Mitte Mai–Mitte Sept. 9–20 Uhr, Parkhaus 1,5 Std., 1 €

Kinder

Im **Sea Life Konstanz** (S. 72) erleben Kinder die Unterwasserwelt hautnah. Als Highlight wird ein Kindergeburtstag mit Schatzsuche angeboten. Mutige erkunden den Lebensraum des Roten Meeres in einem Unterwassertunnel.

ADAC Mobil

Konstanz als touristisches Zentrum der Region Hegau-Bodensee leidet unter der ständig zunehmenden Zahl an Pkws und damit überlasteten Straßen. Öffentliche Verkehrsmittel oder das Fahrrad sind eine Alternative. Das Konstanzer **»Kultur-Rädle«** am Hauptbahnhof bietet Fahrräder aller Art zum Verleih.
Bahnhofpl. 29, Tel. 075 31/273 10, www.kultur-raedle.de, Rad/Tag 15 €, E-Bike 25 €
Barrierefrei ist man im Stadtgebiet mit **Elektromobilen** unterwegs. Ein attraktives Angebot für Personen mit Handicap, die sich auf Streifzüge durch Konstanz begeben wollen. Weder Führerschein, noch Vorwissen sind erforderlich. Die Einweisung erfolgt vor Ort. Im Rahmen von Stadtführungen ist die Ausleihe gratis. Die Stadtbusse können dank Absenkautomatik leicht bestiegen werden.
Info-Centre, Obere Laube 71, Reservierung unter Tel. 07531/13 30 30 oder kontakt@konstanz-info.com, Leihgebühr 5 € pro angefangene Stunde.
Für mehr Barrierefreiheit in Konstanz sorgt die Aktion **99 Rampen**, mit der Gastronomiebetriebe, Geschäfte, Hotels und öffentliche Gebäude zugänglich sind.

2 Insel Mainau

Garteninsel mit Schlossromantik, Blumenpracht und Rosenduft

Information

■ Tourist-Information, Mainau GmbH, Insel Mainau, 78465 Insel Mainau, Tel. 075 31/30 30, www.mainau.de

In den Parkanlagen der Blumeninsel Mainau wachsen Palmen, Tulpen, Rosen, riesige Mammutbäume, Atlas- und Libanon-Zedern. Von weither kommen Besucher, um »die Mainau« zu genießen – die Orchideenschau, das tropische Schmetterlingshaus und die Dahlien. Ein Insektengarten informiert über die Bedeutung der Wild- und Honigbienen. Graf Lennart Bernadotte hat das Pflanzenparadies auf dem ehemaligen Sommersitz seines Urgroßvaters Großherzog Friedrich I. von Baden geschaffen. Seine Kinder Bettina Gräfin Bernadotte und Björn Graf Bernadotte führen dieses prachtvolle Werk mit vielen neuen Ideen und Attraktionen in die Zukunft. Rund 250 000 Sommerblumen, 10 000 Rosenstöcke, 12 000 Dahlien und 200 Rhododendronarten und -sorten locken jährlich rund 1,2 Mio. Besucher an. Bis zu 300 Angestellte sorgen für den reibungslosen Ablauf auf der Insel.

■ Inselbesuch von 9–19 Uhr geöffnet, Vor-Ort-Ticket 26 €, Kinder (bis 12 J.) Eintritt frei

Sehenswert

Schloss Mainau mit Schlosskirche St. Marien

| Schloss |

Das von Johann Caspar Bagnato 1746 gefertigte barocke Deutschordenschloss bildet den prachtvollen Mittelpunkt der Insel Mainau und ist Sitz der gräflichen Familie. Am Westgiebel prangen die Wappen des Hochmeisters Clemens August von Bayern, des Landkomturs Philipp von Froberg und des Mainaukomturs Friedrich von Baden. Den Ostgiebel ziert das Wappen des Deutschen Ordens. Der Südflügel beherbergt das beliebte Schlosscafé, die Schlossboutique sowie das Hutatelier von Diana Gräfin Bernadotte. Zum Schlossensemble gehört auch die Barockkirche St. Marien mit Hochaltar und Skulpturen des Barockbildhauers Joseph Anton Feuchtmeyer.

■ Keine Schlossbesichtigung möglich, Schlosscafé tgl. 11–17 Uhr

Schmetterlingshaus

| Schmetterlingsausstellung |

Rund 120 verschiedene, frei umherflatternde tropische Tagfalterarten aus Afrika, Asien, Mittel- und Südamerika sind im Schmetterlingshaus zu bewundern. Sie lassen sich gelegentlich auf den Besuchern nieder und können dann eingehend beobachtet werden – ein besonders Glück bringendes Erlebnis. Die meisten dieser farbenprächtigen Zartflügler werden als Puppen von Zuchtfarmen der Herkunftsländer auf die Mainau gebracht.

■ tgl. 10–19, 24. und 31. Dez. bis 14 Uhr

Verkehrsmittel

Die Mainau ist mit Rad, Bahn, Bus, Pkw oder mit Bodenseeschiffen zu erreichen.

Parken

Festlandparkplatz an der L219, Gebühr 6 €/im Winter frei.

Eine bunte Blütenpracht erwartet den Besucher auf der Mainau

Restaurants

€€–€€€ | Schwedenschenke Traditionsreiches Inselrestaurant in gemütlich schwedischem Landhausstil mit badischer und internationaler Küche und großer Auswahl regionaler Weine. Tagsüber erstklassig, schnell und preiswert, abends exquisite Gastronomie von internationalem Ruf. ■ Mainau-Bankettbüro, Tel. 075 31/ 30 31 56, www.mainau.de, Sommersaison Mi–So 11.30–18 Uhr

Kinder

Im **Mainau-Kinderland** können sich die Minis auf den Abenteuerspielplätzen »Zwergendorf«, »Wasserwelt« und »Blumis Uferwelt« so richtig austoben, Tiere streicheln oder auf dem Mainau-Bauernhof auf Ponys reiten.

3 Insel Reichenau

4 *Kirchen und Gemüseanbau auf der größten Insel im Bodensee*

Information

■ Tourist-Information Reichenau, Pirminstr. 145, 78479 Reichenau, Tel. 075 34/ 920 70, www.reichenau-tourismus.de

Riesige Gemüsefelder, Gewächshäuser und Rebstöcke prägen das Bild der Reichenau. Haupterwerbszweig der 4,3 km² großen Insel ist der Gemüseanbau, dafür ist die Reichenau berühmt, und man kann überall frisch Geerntetes in bester Qualität kaufen. Doch seitdem die ganze Insel mit der historischen Klosteranlage samt Gurken, Salat und Co. ins UNESCO-Weltkulturerbe aufgenommen wurde, rückt neben der ökotrophologischen auch die historisch-kulturelle Bedeutung der Insel Reichenau zunehmend in den Vordergrund.

Sehenswert

Klosterinsel Reichenau

| Kirchen |

Die Klosterinsel Reichenau wurde »als Kulturlandschaft, die ein herausragendes Zeugnis von der religiösen und kulturellen Rolle eines großen Benediktinerklosters im Mittelalter ablegt« im Jahr 2000 von der UNESCO zum Weltkulturerbe erklärt. Im Mittelpunkt stehen drei romanische Kirchen: das Marienmünster St. Maria und Markus in Reichenau-Mittelzell, St. Georg in Reichenau-Oberzell und St. Peter und Paul in Reichenau-Niederzell. Sie wurden vom 9. bis 12. Jh. erbaut. Das Marienmünster ist die größte Kirche der Klosteranlage, deren Gründung um 724 unter Abt Pirmin datiert. Der gotische Chor des Münsters führt in die Schatzkammer (15. Jh.), in der die Reliquie des Markusschreins (1305) aufbewahrt wird. St. Georg entstand Ende des 9. Jh. und enthält im Mittelschiff monumentale Wandbilder (10. Jh.) zu Wundertaten von Jesus Christus. Der von einem alemannischen Adelsgeschlecht abstammende Bischof Egino von Verona stiftete 793 St. Peter und Paul. 802 wurde er in dieser dreischiffigen Basilika beigesetzt. Sehenswert in der Apsis (1104–1105) ist die »Majestas Domini« – Jesus Christus auf seinem Thron, umgeben von Mensch, Löwe, Stier und Adler –, eine symbolische Darstellung der vier Evangelisten.

■ Marienmünster, Münsterpl. 4; St. Georg, Seestr. 4; St. Peter und Paul, Eginostr. 12

Museum Reichenau

| Museen |

Das Museum Reichenau informiert an vier Stätten über die herausragende historische Bedeutung der Insel. Der Museumskomplex will die gesamte In-

Die Gebeine des Evangelisten Markus im Markusschrein auf der Reichenau

sel Reichenau als Kulturlandschaft und damit den »Geist der Reichenau« erlebbar werden lassen.

■ Ergat 1+3, Tel. 075 34/99 93 21, Flyer zum Dowmload unter www.museumreichenau.de, April–Okt. tgl. 10.30–16.30, Juli–Aug. bis 17.30, Nov.–März Sa, So, Fei 14–17 Uhr, 5 €, Kinder (7–14 J.) 2 €; Standorte: Museum St. Georg/Parkplatz Oberzell; Museum Reichenau/Zentrum der Insel/Ergat; Museum St. Peter u. Paul/neben der Kirche

Parken

Auf dem Festland kostenfrei, am Bahnhof in Reichenau (P+R), auf der Insel meist gebührenpflichtige Parkzonen.

Restaurants

€–€€€ | Die Küferei Weinstube und Restaurant mit Küche aus der Region. ■ Spiegelberg 17, Tel. 075 34/555, www.kueferstueble.de, Mi–So 17.30–24 Uhr

€–€€€ | Sandseele Im Uferrestaurant auf dem Inselcampingplatz knackig-frisches Gemüse, Spätzle und Spareribs bei einem leckeren Inselwein auf der Terrasse genießen. ■ Zum Sandseele 1, Tel. 075 34/73 84, www.sandseele.de, April–Mitte Okt. tgl. 8.30–22 Uhr

4 Gaienhofen

Künstlerlandschaft Höri – Refugium berühmter Dichter und Maler

Information

■ Tourist-Information Gaienhofen, Im Kohlgarten 1, 78343 Gaienhofen, Tel. 077 35/999 91 23, www.gaienhofen.de

Die Gemeinde Gaienhofen liegt an der Spitze der Halbinsel Höri. Hier haben

Seit 1260 gibt es das Küferstüble auf der Reichenau

einst bedeutende Dichter und Maler wie Hermann Hesse, Otto Dix, Helmut Macke, Erich Heckel und Max Ackermann eine neue Heimat für ihre Familien und ihr künstlerisches Schaffen gefunden. Ein staatlich anerkannter Erholungsort in der Nachbarschaft Gaienhofens ist Öhningen. Zu entdecken sind hier das »Augustiner-Chorherrenstift« mit Renaissancekirche, der denkmalgeschützte untere Dorfbereich von Wangen und die aus romanischer Zeit stammende »Wallfahrtskirche St. Genesius« in Schienen. Originalfunde aus der prähistorischen Pfahlbauzeit zeigt das Museum Fischerhaus in Wangen. Seit 2011 stehen auch diese Exponate auf der Liste der UNESCO-Welterbestätten.

Im Blickpunkt

Felchen, Kretzer, Zander & Co.

Am Bodensee wird traditionell Fisch gegessen. Doch beliebte Speisefische wie Saibling, Zander und Kretzer sind seit Langem kaum mehr in den Fangnetzen der Bodenseefischer zu finden. Auch der Bestand des Felchens, eines schlanken Lachsfischs mit silbrigem Körper, in der Schweiz liebevoll »Almeli« genannt, ist seit 2013 dramatisch zurückgegangen, weil das Wasser im Bodensee in den vergangenen Jahren zu nährstoffarm geworden ist. Es wächst zu wenig Plankton, die Hauptnahrung der Felchen.
Zudem räubert der etwa 1950 zugewanderte und heute sehr verbreitete Stichling den Fischlaich. Berufsfischer, die hauptsächlich vom Felchenfang leben, ringen um Abhilfekonzepte und um ihre berufliche Existenz. Die Zeit drängt, denn der beliebte »Bodenseefisch« auf den Tellern stammt mittlerweile zunehmend aus aller Welt: vom Ammersee, aus Italien, Kanada, Kasachstan und aus Sibirien.

Sehenswert

Hesse Museum und Hermann Hesse Haus

| Museum |

Der Dichter Hermann Hesse lebte zwischen 1904 und 1912 in Gaienhofen. Ihm zu Ehren wurde das Hesse Museum Gaienhofen eingerichtet. Das als Privatmuseum geführte Hermann Hesse Haus, das sich der Dichter 1907 bauen ließ, gibt Einblicke in das Leben der Familie Hesse.

■ Hesse Museum Gaienhofen, Kapellenstr. 8, Tel. 077 35/44 09 49, www.hesse-museum-gaienhofen.de, Nov.–Mitte März Fr, Sa 14–17, So 10–17, Mitte März–Ende Okt. Di–So 10–17 Uhr, 6 €, Kinder (6–14 J.) 2 €

■ Hermann Hesse Haus, Hermann-Hesse-Weg 2, Anmeldung: Tel. 077 35/44 06 53

Museum Haus Dix

| Museum |

Otto Dix, einer der bedeutendsten deutschen Künstler des 20. Jh., siedelte nach der Kündigung seiner Professur an der Dresdner Akademie durch die Nationalsozialisten an den Bodensee um. Sein Haus, das er 1936 mit seiner Familie in Hemmenhofen bezog, ist als Museum zu besichtigen.

■ Museum Haus Dix, Otto-Dix-Weg 6, Gaienhofen-Hemmenhofen, Tel. 077 35/93 71 60, www.museum-haus-dix.de, 3. Sa im März–31. Okt. Di–So 11–18 Uhr, 6 €, Kinder (6–14 J.) 2 €

Restaurants

€€–€€€ | Hotel Seehörnle Das Bio-Restaurant am Bodenseeradweg verwöhnt mit frischen regionalen Produkten. ■ Hörnliweg 14, Tel. 07735/937 70, www.seehoernle.de, Mo–So 12–21.30 Uhr

5 Radolfzell

Früher ein Fischer- und Weinbauerndorf, heute ein geschäftiger Ferienort

Information

■ Tourismus- und Stadtmarketing, Kirchgasse 30, 78315 Radolfzell a. Bodensee, Tel. 077 32/815 00, www.radolfzell-tourismus.de

Bischof Radolt von Verona gründete um 826 die »Cella Ratoldi«, aus der die Stadt Radolfzell hervorging. Durch die Altstadt lässt es sich heutzutage sehr reizvoll bummeln und shoppen. Strandbäder, Bootsverleih, viele Sport- und Freizeitmöglichkeiten, Gärten, Kirchenbauten und Events machen die Stadt zu einem attraktiven und bedeutenden Ferien- und Erholungsort. Am Marktplatz nimmt die Skulptur »Kampf um Europa« von Peter Lenk die deutsche Europapolitik der Ära Merkel aufs Korn. Ein geführter Stadtrundgang zur interessanten Historie von vor 1200 Jahren bis heute, die von der Tourist-Information vermittelt wird, ist lohnend.

Sehenswert

Münster Unserer Lieben Frau

| Kirche |

Das Münster Unserer Lieben Frau (1436–1550), eine dreischiffige Basilika aus der Spätgotik, beherbergt Reliquien der heiligen Hausherren Theopont, Senesius und Zeno. Zur ursprünglichen Innenausstattung des Münsters gehören Fragmente eines gemalten Kreuzwegs im Seitenschiff (um 1490) mit Radolfzell als Hintergrundkulisse. Die Pfarrkirche gilt geistlich und städtebaulich als Wahrzeichen von Radolfzell.

■ Marktplatz 7, Tel. 077 32/20 16

Beschauliches Treiben in der Altstadt von Radolfzell

Restaurants

€€–€€€ | Omas Küche im Liesele Schmackige Hausmannskost badischer und schwäbischer Küche mit Sonntagsbraten wie früher auf der »Schbeisekarde«. ■ Höllstr. 3, Tel. 077 32/97 22 15, www.liesele.de

€€–€€€ | Strandcafé Mettnau Ausflugslokal mit leckeren Eissorten, Kaffee und Kuchen auf traumhafter Seeterrasse, Fisch- und Wildspezialitäten. ■ Strandbadstr. 102, Tel. 07732/1511650, www.strandcafe-mettnau.de

Einkaufen

Im **seemaxx Outlet Center** locken über 40 Topmodemarken zu günstigen Preisen. ■ Schützenstraße 50, www.seemaxx.de

6 Singen

Quirliges Zentrum für Kunst, Kultur und Sport im Herzen der Hegaulandschaft

Information

■ Tourist-Information, August-Ruf-Str. 13, 78224 Singen, Tel. 077 31/852 62, www.tourismus.in-singen.de

Singen liegt 30 km nordwestlich von Konstanz entfernt am Fuß des Hausbergs Hohentwiel. Die berühmtesten Ausflugsziele im Hegau sind die Vulkanberge mit ihren romantischen Ruinen. Deutschlands größte Festungsruine geht auf eine Burg von 914 zurück, die Sitz der schwäbischen Herzöge war. Der Vulkanberg Hohentwiel ist Touristenattraktion und Wahrzeichen der Stadt. Weitere Ruinen sind der Hohenkrähen und der Mägdeberg. Singen weist sich mit dem archäologischen Hegau-Museum, dem Städtischen Kunstmuseum und dem MAC Museum Art & Cars als Stadt der Kunst und Kultur aus. Seit 1928 ist »Kunst im öffentlichen Raum« ein Bestandteil des Stadtkonzepts von Singen. In öffentlichen Gebäuden sind Werke von Otto Dix, Curth Georg Becker, Erich Hauser, Gerlinde Beck, Robert Schad und Peter Lenk zu sehen. Die einzig erhaltenen Wandbilder (1960) und das expressionistische Spätwerk von Otto Dix sind im Rathaus Singen zu finden, darunter »Krieg und Frieden« und »Adam und Eva«.

Im Blickpunkt

Gartenparadiese am Bodensee

Den Bodensee säumen wunderschöne Parks und Gärten. Engagierte Hobbygärtner bezaubern die Besucher im Rahmen der Initiative »Garten-Rendezvous am Untersee« im Wechsel der Jahreszeiten mit malerischen Blüten, Brunnen und Skulpturen. Vom Bauern- bis zum Künstlergarten werden unterschiedlichsten Kreationen gezeigt.

www.bodenseegaerten.eu

Sehenswert

Kunstmuseum Singen

| Kunstmuseum |

Gezeigt werden Klassische Moderne und zeitgenössische Kunst, die eine über 100-jährige Kunstgeschichte am Bodensee vermitteln: »Zeitgenössische Kunst aus der Euregio Bodensee«, das »Landschaftsbild des Hegaus und des Bodensees nach 1900«, die »Kunst aus dem deutschen Südwesten nach '45« und die »Kunst im öffentlichen Raum Singens«. Rund 5000 Gemälde, Grafiken, Fotografien, Plastiken und Skulpturen sind im Besitz des Museums, darunter Kunstschätze der »Höri-Maler« Otto Dix, Erich Heckel, Max Ackermann und Curth Georg Becker.

■ Ekkehardstr. 10, Tel. 077 31/852 71, www.kunstmuseum-singen.de, Di–Fr, 14–18, Sa, So, 11–17 Uhr, 5 €, Kinder (bis 7 J.) Eintritt frei, Do o. Mi (wenn Do Fei) freier Eintritt

Festungsruine Hohentwiel

| Burgruine |

Vom Vulkanberg Hohentwiel mit einer der größten deutschen Festungsruinen genießt man eine grandiose Sicht über Singen und den Bodensee. Der Vulkanschlot mit seltenen Tieren und Pflanzen steht unter Naturschutz. Das Informationszentrum unterhalb des Gipfels bietet einen Überblick zur Geschichte

Hoch auf dem Vulkanberg liegt die Festungsruine Hohentwiel

des Hohentwiel. Ein Geschichtspfad gibt mit zwölf Tafeln Auskunft über die Funktion der Gebäude, oder man folgt einem geologischen Lehrpfad (3 km, Dauer 2 Std.), der Gesteinsarten, Natur- und Landschaftsschutz erklärt.

■ Infozentrum, Auf dem Hohentwiel 2 a, Singen, Tel. 077 31/691 78, www.festungsruine-hohentwiel.de

MAC Museum Art & Cars

| Kunst- und Oldtimermuseum |

In zwei Gebäuden werden in der avantgardistischen Architektur der Museumsbauten MAC 1 und MAC 2 kostbare Oldtimer im Dialog mit Werken klassischer Moderne und zeitgenössischer Kunst der Südwestdeutschen Kunststiftung. Das »MAC Bistro« im Museum ist sehr empfehlenswert.

■ MAC 1, Parkstr. 1, MAC 2, Parkstr. 5, Tel. 077 31/969 35 10, www.museum-art-cars.com, Mi–Sa 14–18 Uhr, So 11–18 Uhr, pro Person und Haus Erw. 12 €, Kinder (ab 10 J.) 9 €. Besucher parken frei auf dem Museumsparkplatz.

Paradiesbaum und Paradiesschlange

| Skulpturen |

In der Singener Innenstadt steht seit 2015 die Skulptur »Paradiesschlange« als Ergänzung zu seinem »Paradiesbaum« (1997), mit dem Peter Lenk zeigen will, wie »das Mondäne am Heimatlichen zehrt«. Mit seinem neuen Werk thematisiert der Künstler die Abhöraktionen der US-Amerikaner in seiner Sicht: Präsident Barack Obama hört lachend mit, während Angela Merkel, Wladimir Putin und Kim Jong Un gequält telefonieren.

■ Kreuzung Scheffelstr./Hegaustr.

Maggi-Museum

| Firmenmuseum |

Die unternehmerische Erfolgsgeschichte der Schweizer Firma »Maggi« ist eine spannende Zeitreise in die Industrie-, Unternehmens- und Kulturgeschichte rund um das Thema »Essen und Trinken« im 19. Jh. Der Besuch im Maggi-Museum in der »Maggi-Indus-

Im MAC Museum sind kostbare Oldtimer und Moderne Kunst zu sehen

triestadt Singen« ist nur mit Führung (Dauer 1 Std.) und Anmeldung drei Wochen vorher möglich. Das Museum befindet sich auf dem Werksgelände der Nestlé Deutschland AG Maggi-Werk Singen. Aus Sicherheitsgründen ist die Einreichung einer Namensliste zehn Tage vor dem Museumsbesuch erforderlich.

■ Kontakt: Maria Jörke, Erich-Heckel-Str. 16, Tel. 077 31/31 99 01, www.singener-museumsverein.de

Parken

In der Innenstadt stehen 4000 Stellplätze zur Verfügung. Ein Parkleitsystem führt zum nächsten freien Parkplatz (www.singen.de/erleben/mobilitaet/parken+in+singen).

Restaurants

€€€ | Restaurant Hohentwiel Badische und internationale Gerichte, Vesper und Weine vom Hohentwiel, Panoramaterrasse, Kuchen und Torten zur Kaffeezeit. ■ Hohentwiel 1, Tel. 077 31/ 990 70, www.hotel-hohentwiel.com

Events

Hohentwielfestival Singen Das Open-Air-Event Mitte Juli auf der Karlsbastion des Hohentwiel mit internationalen Topstars aus Pop, Rock, Jazz und Klassik sowie das Burgfest mit Kleinkunst und Musik auf mehreren Bühnen begeistert mit seiner einzigartigen Atmosphäre seit 2022 wieder das Publikum.

■ www.hohentwielfestival.de

Sport

Reiten, Radwandern, Tennis, Schwimmen, Sauna, Minigolf, Golf, Badminton, Joggen sowie erholsame Spaziergänge im Stadtgarten und am malerischen Aachufer entlang prägen das sportliche Image Singens.

In der Umgebung

Schloss Langenstein

| Fasnachtsmuseum |

Das Museum mit seinen über 300 Narrenfiguren in fantasievollen bunten Gewändern erfindet sich neu und wird die Lebendigkeit des Brauchtums der Schwäbisch-Alemannischen Fasnet in einem supermodernen Ausstellungskonzept aufbereiten.

■ Schloss 1, 78359 Orsingen-Nenzingen, Tel. 077 32/98 82 33, www.fasnachtsmuseum.de

Übernachten

Konstanz und der Bodensee West sind als Reiseziel sehr beliebt. Wer rechtzeitig bucht, kann günstige Arrangements auch in Häusern mit Toplage aushandeln.

Konstanz 66

€ | **ABC Hotel** Modern eingerichtetes historisches Hotel, große Zimmer mit Küchenzeile. ■ Steinstr. 19, Tel. 07531/ 89 00, www.abc-hotel.de

€–€€ | **Graf Zeppelin** In der Altstadt mit Wohlfühlambiente. ■ St. Stephanspl. 15, Tel. 07531/6913690, www.hotel-graf-zeppelin.de

€–€€€ | **Barbarossa** Historisches Hotel (1388) in der Fußgängerzone. ■ Obermarkt 8–12, Tel. 07531/128990, www.hotelbarbarossa.de

€–€€€ | **Hotel Waldhaus Jakob** Komfort nahe der Bodensee-Therme Konstanz. ■ Eichhornstr. 84, Tel. 07531/ 81000, www.hotelwaldhausjakob.com

€€–€€€ | **Hotel 47°** Spa- und Wellnesscenter, am Seerhein. ■ Reichenaustr. 17, Tel. 07531/127490, www.47grad.de

€€€ | **Hotel Viva Sky** Mitten in der Altstadt. ■ Sigismundstr. 19, Tel. 07531/692 36 20, www.hotel-viva-sky.de

2 €€€ | **Steigenberger Inselhotel** Historisches Fünfsternehaus mit Seeterrasse. ■ Auf der Insel 1, Tel. 07531/1250, www.steigenberger.com

€€€ | **Villa Barleben am See** Luxusanlage mit Garten. ■ Seestr. 15, Tel. 07531/942330, www.hotel-barleben.de

Reichenau 79

€€–€€€ | **Strandhotel Löchnerhaus** Fantastischer Seeblick. ■ An der Schiffslände 12, Tel. 075 34/80 30, www.loechnerhaus.de

Gaienhofen 81

€€€ | **Hotel Gasthaus Hirschen** Liegewiese mit Außenpool. ■ Kirchgasse 3, Tel. 077 35/933 80, www.hotelhirschen-bodensee.de

€€€ | **Hotel Hoeri am Bodensee** Wellnesshotel mit Seezugang, zwei Anlegeplätze. ■ Uferstr. 20–23, Tel. 077 35/ 81 10, www.hoeri-am-bodensee.de

Radolfzell a. Bodensee 83

€€ | **Iris am See** Ruhige Lage nahe dem Bodenseeufer. ■ Rebsteig 2, Tel. 077 32/ 947 00, www.hotelirisamsee.de

€€ | **Krone am Obertor** Hotel im Fachwerkhaus. ■ Obertorstr. 2, Tel. 077 32/ 929 90, www.bodenseehotel-krone.com

€€–€€€ | **aquaTurm Hotel** Weltweit erstes Nullenergiehochhaus. ■ Güttingerstr. 15, Tel. 077 32/522 55, www.aqua-turm.de

€€–€€€ | **ArtVilla am See** Designerhotel auf der Halbinsel Mettnau mit Wellnessangebot. ■ Rebsteig 2/2, Tel. 077 32/ 944 40, www.artvilla.de

Singen 84

€–€€ | **Hotel Hohentwiel** Auf halber Höhe zum Hohentwiel mit Panoramaterrasse. ■ Hohentwiel 1, Tel. 077 31/ 990 70, www.hotel-hohentwiel.com

€€–€€€ | **Zapa** Lauschiges Hotel mit Restaurant im Vorort Bohlingen. ■ Bohlinger Dorfstr. 48, Tel. 077 31/79 61 61, www.restaurant-zapa.de

Überlinger See und Obersee

Von Stockach, dem »Tor zum Bodensee«, ist bis zur malerischen Insel Lindau eine barocke Erlebniswelt zu entdecken

Vom Nordwesten kommend bildet Stockach das Entree zur Bodenseeregion mit ihren erholsamen Naturschönheiten, Kulturereignissen, prähistorischen Pfahlbauten, imposanten Schlössern, Burgen, Kirchen, malerischen Städten, Hotels und Restaurants – und im Kontrast dazu die neuzeitlichen musealen Dokumentationen der regionalen Luft- und Raumfahrtgeschichte im industriell geprägten Verkehrsknotenpunkt Friedrichshafen.

In diesem Kapitel:

7 Stockach 90
8 Bodman-Ludwigshafen 90
9 Sipplingen 91
10 Überlingen a. Bodensee 92
11 Uhldingen-Mühlhofen 94
12 Salem 96
13 Meersburg 97
14 Hagnau 99
15 Friedrichshafen 100
16 Tettnang 108
17 Ravensburg 109
18 Eriskirch 111
19 Langenargen 112
20 Kressbronn 114
21 Wasserburg 115
22 Lindau 116
Übernachten 122

ADAC Top Tipps:

3 Basilika Birnau, Uhldingen-Mühlhofen
| Wallfahrtskirche |
Das Barockjuwel am Bodensee ist ein beliebtes Ziel für Pilger. 95

4 Alte Burg Meersburg
| Burg |
Das Wahrzeichen des Städtchens Meersburg mit »Angstloch« und Folterkammer. 97

5 Zeppelin Museum, Friedrichshafen
| Museum |
Alles über die Anfänge der deutschen Luftfahrtgeschichte. 102

ADAC Empfehlungen:

5 St. Nikolaus, Überlingen
| Münster |
Die größte spätgotische Kirche am Bodensee. 93

6 **Pfahlbaumuseum Unteruhldingen**
| Freilichtmuseum |
Eine archäologische Stätte mit rekonstruierten Pfahlbauten aus der Stein- und Bronzezeit. 94

7 **Kloster und Schloss Salem**
| Schlossanlage |
Prächtiges Ensemble der früheren Zisterzienserabtei. 96

8 **Affenberg Salem**
| Tierpark |
200 Berberaffen im Freigehege hautnah erleben. 96

9 **Schloss und Schlosskirche, Friedrichshafen**
| Schlossanlage |
Residenz des Herzogs von Württemberg und Barockkirche. 101

10 **Zeppelinflug, Friedrichshafen**
| Flugerlebnis |
Mit dem »Zeppelin NT« über den See und die Alpen schweben. 107

11 **Neues Schloss Tettnang**
| Schloss |
Prunkvolles Residenzschloss der Grafen von Montfort. 108

12 **Museumsviertel Ravensburg**
| Museen |
Ausstellungen für Kunst, Geschichte, Spiel und Wirtschaftsleben. 110

13 **Ravensburger Spieleland**
| Freizeitpark |
Spiel und Spaß mit Käpt'n Blaubär. 111

14 **Schloss Montfort, Langenargen**
| Schloss |
Orientalische Momente am See. 112

15 **Lindauer Hafeneinfahrt**
| Hafen |
Ein grimmiger bayerischer Löwe bewacht den Hafen. 117

16 **Altes Rathaus, Lindau**
| Rathaus |
Die farbenfrohe Fassade ansehen. 117

7 Stockach

Ferienort der Ruhe und Erholung und Alemannische Fastnacht

Information

■ Tourist-Information, Kulturzentrum »Altes Forstamt«, Salmannsweilerstr. 1, 78333 Stockach, Tel. 077 71/80 23 00, www.stockach.de

Nur vier Kilometer vom Überlinger See entfernt genießen Naturliebhaber die erholsame Ruhe der umgebenden Täler und Hügellandschaften von Stockach. Mit der Geruhsamkeit ist es allerdings in der fünften Jahreszeit vorbei, wenn die Narren die zeitweilige Herrschaft über Stockach, der Hochburg der schwäbisch-alemannischen Fastnacht, übernehmen. Das durch Funk und Fernsehen berühmt-berüchtigte »Stockacher Narrengericht« zählt zu den Höhepunkten des närrischen Treibens und wird der Legende nach auf ein Privileg des Hofnarren Kuony von Stocken am Hof des habsburgischen Herzogs Leopold I. im Jahr 1351 zurückgeführt.

ADAC Spartipp

Am nördlichen Bodensee oftmals im Übernachtungspreis bereits enthalten ist die **Echt Bodensee Card**. Sie ermöglicht die freie Nutzung des ÖPNV und Rabatte für zahlreiche touristische Angebote (www.echt-bodensee.de).
Die Kaufkarte **Bodensee Card PLUS** bietet freien Eintritt rund um den Bodensee zu über 160 attraktiven Ausflugszielen und Sehenswürdigkeiten sowie freie Fahrt mit den BSB-Kursschiffen, 3-Tages Card 72 €, Kind 43 €, 7-Tages Card 114 €, Kind 69 € (www.bodensee.eu).

Restaurants

€€€ | Gasthof zum Adler Historisches Restaurant in der Obstbaugemeinde Wahlwies mit Sonnenterrasse. Feinschmeckermenüs und Spezialitäten aus Omas Küche. ■ Leonhardtstr. 29, Tel. 077 71/35 27, www.adler-wahlwies.de, Mo–Fr ab 17.15, Sa, So 11–13.30 u. 17.15–22 Uhr

8 Bodman-Ludwigshafen

Ferienglück in »Sackgassenlage« und UNESCO-Weltkulturerbe

Information

■ Tourist-Information Ludwigshafen, Hafenstr. 5, 78351 Bodman-Ludwigshafen, Tel. 077 73/93 00 40, www.bodenseepur.de

■ Tourist-Information Bodman, Seestr. 5, 78351 Bodman-Ludwigshafen, Tel. 077 73/93 00 43, www.bodenseepur.de

Bodman und Ludwigshafen, die Doppelgemeinde mit »Sackgassenlage« am nordwestlichen Zipfel des Überlinger Sees, bieten Erholungssuchenden einen ganz besonderen Schatz: Ruhe, Entspannung und Genuss in der Schönheit der Natur. Das milde Bodenseeklima, die unzähligen Wanderwege in der umgebenden Hügellandschaft, die magische Ausstrahlung des Sees mit seinem abendlichen Lichterglanz, die familienfreundlichen Hotels und hervorragenden Restaurants lassen den Aufenthalt zu einem unver-

Paradiesisch ist der Blick über die Apfelbäume bei Bodman-Ludwigshafen

gesslichen Ferienerlebnis werden. Wanderungen zur Ruine Alt-Bodman, zum Kloster Frauenberg und zum nicht öffentlichen Schloss des Grafen von und zu Bodman – einem alteingesessenen Adelsgeschlecht, das hier die Bauernkriege, die Zeit der Aufklärung, die Herrschaft Napoleons und die Badische Revolution überstanden hat – rufen die lange Historie der Region in Erinnerung. Diese reicht mit den zum UNESCO-Weltkulturerbe zählenden Funden der Pfahlbauten in Bodman-Schachen bis in die Stein- und Bronzezeit zurück. Aber auch in Sachen »Moderne« gibt es etwas zu bestaunen – das skandalumwitterte Freilichtrelief »Ludwigs Erbe« des Bildhauers Peter Lenk.

Parken

Ortspläne von Bodman und Ludwigshafen mit Parkmöglichkeiten sind unter www.bodman-ludwigshafen.de zu finden.

Restaurants

€€€ | bodano Abwechslungsreiche Mittags- und Abendkarte. Stilvoll direkt am Bodenseeufer im Seeum speisen – Seeblick inklusive. Nachmittags Kaffee und Kuchen. ■ Seestr. 5, Bodman-Ludwigshafen, Tel. 077 73/ 959 98 05, www.bodano.de

9 Sipplingen

Historischer Ort mit frischem Trinkwasser für Millionen

Information

■ Tourist-Information, Seestr. 3, 78354 Sipplingen, Tel. 075 51/949 93 70, www.sipplingen.de

Erstmals erwähnt wurde das einstige Fischerdorf Sipplingen 1155. Der heute charmante Erholungsort und Wasserversorger für Millionen Baden-Württemberger liegt direkt am Nordufer des

ADAC Wussten Sie schon?

»Die Schwaben« trinken den Bodensee nicht leer. Es werden nur 0,3 Prozent seines Wasserreservoirs entnommen. Viele Zuflüsse wie auch der Rhein füllen ständig nach. Sorge bereitet aber die Klimaerwärmung. Denn wenn sich das Wasser im Winter nicht mehr genug abkühlt, um in die Tiefe des Sees zu sinken, bleibt die vor allem für die Fische wichtige Sauerstoffzirkulation aus. Vollständig durchmischt wurde der See zuletzt Ende des Winterhalbjahrs 2017/18.

Überlinger Sees und erstreckt sich bis hoch hinauf in die Steiluferlandschaft. Baden, Segeln, Surfen, Wandern, Schlemmen und die Seele baumeln lassen – Sipplingen verwöhnt seine Feriengäste mit einem vielseitigen Erlebnisangebot und versorgt gleichzeitig rund 40 Prozent der Menschen im »Ländle« täglich mit frisch aufbereitetem Trinkwasser aus dem Bodensee. Die katholische Pfarrkirche St. Martin von 1155, das ehemalige Frauenkloster St. Ulrich, malerische Gassen, Fachwerkhäuser und das Rathaus (1699) prägen den historischen Ortskern. Seit 2011 stehen auch die Pfahlbausiedlungen in Sipplingen-Osthafen auf der UNESCO-Welterbeliste.

Restaurants

€€€ | Seehaus Restaurant in traditioneller Pfahlbauarchitektur mit malerischer Seeterrasse und schmackhafter regionaler sowie saisonaler Küche. ■ Seestr. 5, Tel. 075 51/947 42 47, www.seehaus-sipplingen.com

10 Überlingen

Savoir-vivre mit Kneippheilbad sowie historische Altstadt

Information

■ Tourist-Information Überlingen, Landungspl. 3-5, 88662 Überlingen, Tel. 075 51/947 15 22, www.ueberlingen-bodensee.de

Erholung für Körper, Geist und Seele findet man in der »Gesundheitsstadt am Bodensee« in Restaurants, (Kur-)Hotels, Kurkliniken, Sanatorien und Gästehäusern. Der Freizeit-, Fitness- und Gesundheitsgedanke durchzieht ganz Überlingen. Es wird gekneippt, geschwommen, gesurft, gesegelt, gewandert, geradelt, geritten und gelaufen sowie Golf und Tennis gespielt. Die Saunalandschaft der Bodensee-Therme macht das Wohlfühlprogramm perfekt. On top lädt die historische Altstadt mit Kirchen, Patrizierhäusern, Museen, Brunnen und Galerien zu Erkundungsgängen ein. Besondere Aufmerksamkeit gebührt den prachtvollen Schnitzereien von Jakob Russ im spätgotischen Ratssaal des Ratshauses, dem Hochaltar von Jörg Zürn im Münster St. Nikolaus und dem Hochaltar in der gotischen Franziska-

ADAC Mobil

Zwischen Überlingen und Konstanz-Wallhausen fährt Ende April–Anfang Okt., tgl. 11 Mal, die **Personenschifffahrt Giess & Giess** über den Überlinger See (15 Min.). Einzelfahrt 4 €/Kinder (6–14 J.) 1,80 €, Hund frei. Tickets an Bord. *personenschifffahrt-bodensee.de* nerkirche, gefertigt von Joseph Anton Feuchtmayer. Die Sylvesterkapelle (840) mit ihren karolingischen Wandmalereien und ottonischen Fresken im Stadtteil Goldbach ist eine der ältesten Kirchen Deutschlands. Zudem wird in den Goldbacher Stollen an die dunkle Geschichte des Dritten Reichs erinnert. Schließlich zieht auch in Überlingen eine moderne Skulptur von Peter Lenk alle Blicke auf sich. »Der Bodenseereiter« am nachthellen zentralen Landungsplatz zwischen Uferpromenade und Altstadt.

Sehenswert

St. Nikolaus

| Münster |

5 *Spätgotisches Münster mit meisterlich geschnitztem Hochaltar*

Das Münster St. Nikolaus wurde von 1350 bis 1576 in mehreren Etappen erbaut. Das Münster birgt zahlreiche Kunstwerke. Im Mittelpunkt steht der berühmte Renaissancehochaltar (um 1616) von der Bildhauerfamilie des Überlinger Holzschnitzers Jörg Zürn. Der Rat der ehemals freien Reichsstadt hatte den Auftrag für den Marienaltar nach überstandener Pestepidemie erteilt. Viele Figuren zieren das Meisterwerk mit Darstellungen der Geburt Christi, Verkündigung, Krönung der Jungfrau Maria, der Pestheiligen Rochus und Sebastian sowie des Heiligen Bischofs Nikolaus von Myra, des Patrons des Münsters und der Stadt.

■ Münsterpl. 1

Goldbacher Stollen

| Gedenkstätte |

Im Zweiten Weltkrieg wurde Friedrichshafen von den Alliierten bombardiert. Die Industrieanlagen der Rüstungsproduktion sollten in einem Stollensystem westlich von Überlingen in Sicherheit gebracht werden. Den Bau des Goldbacher Stollens verrichteten Häftlinge des KZ-Außenlagers Überlingen-Aufkirch (1944–1945). Die unterirdische Anlage konnte jedoch für

Erholung finden an der Promenade von Überlingen

Zeugen einer längst vergangenen Zeit finden sich in Unteruhldingen

die Rüstungsproduktion nicht mehr genutzt werden.
■ Dokumentationsstätte Goldbacher Stollen, Obere Bahnhofstr. 30, Tel. 075 51/619 64, www.stollen-ueberlingen.de, Führungen 1. Fr/Monat 17 Uhr, Zutritt Kinder ab 14 J., Eintritt frei, keine Hunde

Parken

Parkhäuser, Zeiten und Tarife, Infos: www.ueberlingen-bodensee.de/parkplaetze-und-parkhaeuser

Restaurants

€€€ | **Bürgerbräu** Hotel-Restaurant mit regionaler Speisekarte in einem historischen Fachwerkhaus. ■ Aufkircher Str. 20, Tel. 075 51/927 40, www.bb-ueb.de

Cafés

Café Brazilia Kaffee von der eigenen Kaffeeplantage in Brasilien, Snacks wie Waffeln und Flammkuchen und Eis. ■ Seepromenade 13, Tel. 075 51/947 11 03, Mi–Mo, Sa, So 9.30–17Uhr

11 Uhldingen-Mühlhofen

Die prähistorischen Pfahlbauten und die Basilika Birnau besuchen

Information

■ Tourist-Information, Ehbachstr. 1, 88690 Uhldingen-Mühlhofen, Tel. 075 56/ 921 60, www.seeferien.com

Mit der Erkundung der prähistorischen Pfahlbauten eine Reise in die Jung- und Bronzesteinzeit unternehmen und die einzigartige Basilika Birnau bewundern – mit diesen Attraktionen hat Uhldingen-Mühlhofen viel zu bieten. Weitere Kleinode sind das staatlich anerkannte Reptilienhaus mit Auffangstation für Schlangen, Echsen, Spinnen und Co. sowie das Auto und Traktor Museum in Gebhardsweiler. Ansonsten lädt die reizvolle Umgebung zum Baden, Wandern, Radeln und Birnauer Weine Probieren ein.

Sehenswert

Pfahlbaumuseum Unteruhldingen
| Freilichtmuseum |

6 *Rekonstruktionen von Pfahlbauten der Stein- und Bronzezeit*

Im Juni 2011 wurde die Pfahlbausiedlung »Unteruhldingen Stollenwiesen« in die UNESCO-Welterbeliste »Prähistorische

Pfahlbauten um die Alpen« aufgenommen. Sie liegt im Flachwasser des Sees versunken direkt an der Ostmole des Hafens, wo man drei Siedlungsphasen mit vielen Gegenständen aus der Bronzezeit festgestellt hat. Das Pfahlbaumuseum Unteruhldingen zählt heute 23 rekonstruierte Siedlungen. Ein Rundgang durch das Freilichtmuseum eröffnet Einblicke in den Alltag der Menschen in der Zeit von 4500 bis 850 v. Chr.

■ Strandpromenade 6, Öffnungszeiten unter www.pfahlbauten.de, 12 €, Kinder (5–15 J.) 8 €

Basilika Birnau

| Wallfahrtskirche |

3 *Barockjuwel am Bodensee – beliebtes Ziel für Pilger*

Oberhalb der Mauracher Bucht liegt die Wallfahrtskirche Birnau. Sie zählt zu den Glanzpunkten barocker Kirchenbauten in Süddeutschland. Die Klosterkirche wurde in der Zeit von 1746 bis 1749 von Barockbaumeister Peter Thumb für die Reichsabtei Salem gebaut, weil die frühere Wallfahrtsstätte »Alt-Birnau« (1222 urkundlich erwähnt) bei Nußdorf aufgegeben wurde. Die Innenarchitektur ist im Barockstil, reich an Fresken von Gottfried Bernhard Göz sowie opulenten Stukkaturen, Altären und Skulpturen von Joseph Anton Feuchtmayer, dessen berühmte Putte »Honigschlecker« zu sehen ist. Das Ordensgebäude der Birnau ist Bestandteil des Zisterzienserklosters Mehrerau (S. 129) in Vorarlberg. 1971 wurde die Kirche von Papst Paul VI. zur Basilica minor erhoben. Das barocke Schloss Maurach unterhalb der Wallfahrtskirche ist heute ein Tagungszentrum.

■ Birnau-Maurach 5, Tel. 075 56/920 30, www.birnau.de, Sommer tgl. 7.30–18, Winter bis 17 Uhr

Eine barocke Pracht herrscht in der Basilika Birnau

Auto & Traktor Museum

| Fahrzeugmuseum |

350 Autos, Motorräder und Traktoren erzählen zusammen mit zahlreichen Exponaten aus der entsprechenden Zeit die Entwicklung von 100 Jahren Stadt- und Landleben.

■ Gebhardsweiler 1, Tel. 07556/928 36-0. www.autoundtraktor.museum, 1. Mai–31. Okt. tgl. 9.30–17.30 Uhr, Erw. 12 €, Kinder (6–15 J.) 6 €, Erlebnis-Buslinie 2 stündlich ab Station Unteruhldingen-Hafen/Pfahlbauten bis Ortsteil Gebhardsweiler

Restaurants

€€–€€€ | **Weinstube Birnauer Oberhof** Gutbürgerliche Speisen und Birnauer Weine. ■ Oberhof 1, Tel. 075 56/93 36 80, www.birnauer-oberhof.de, Do–Di 11.30–21 Uhr

12 Salem

Kulturträchtige Gemeinde mit Schloss und Kloster Salem

Information

■ Bodensee-Linzgau Tourismus e.V., Am Schlosssee 1, 88682 Salem OT Mimmenhausen, Tel. 075 53/82 37 80, www.bodensee-linzgau.de

Das landwirtschaftlich geprägte Linzgau im Hinterland des Bodensees birgt die Gemeinde Salem. Kulturhistorisches Highlight ist dort das Kloster und Schloss Salem, das 1134 als Zisterzienserkloster gegründet wurde. Im Schloss sind heute ein Internat für Schüler der Mittelstufe sowie ein Feuerwehr- und Brennereimuseum untergebracht.

Sehenswert

Kloster und Schloss Salem

| Schlossanlage |

7 *Das Ensemble zeugt vom Reichtum der Zisterzienserabtei*

Kloster und Schloss Salem sind von weitläufigen Park- und Gartenanlagen umgeben. Das Münster, der Kreuzgang, die Prälatur und die erhaltenen Wirtschaftsgebäude machen Schloss Salem zu einem der bedeutendsten barocken Kulturdenkmale im Land. 1802 kam das Ensemble im Zuge der Säkularisation in den Besitz der Markgrafen von Baden, und seit 2009 ist es Bestandteil der Staatlichen Schlösser und Gärten Baden-Württembergs.

■ Kloster und Schloss, Tel. 075 53/916 53 36, www.salem.de, Ende März–1. Nov. Mo–Sa 9.30–18, So, Fei ab 10.30 Uhr, 9 €, Kinder (6–15 J.) 4,50 €

Affenberg Salem

| Tierpark |

8 *200 Berberaffen in Deutschlands größtem Affenfreigehege erleben*

Die wilde Berberaffenschar lebt frei im Waldgehege. Besucher begegnen den Tieren hautnah, zum Beispiel auf Augenhöhe vom 12 m hohen und 250 m langen Treewalk durch die Baumwipfel.

■ Mendlishauser Hof, Tel. 075 53/381, diverse Öffnungszeiten unter www.affenberg-salem.de, 12 €, Kinder (5–14 J.) 8 €

Verkehrsmittel

Erlebnisbus von April–Anfang Nov., 9.58–17.58 Uhr, stdl. vom Hafen Unteruhldingen zum Affenberg und Schloss Salem.

Parken

Vom Schloss Salem 350 m entfernt befinden sich nicht öffentliche, kostenlose Parkplätze für Besucher.

In der Umgebung

Schloss Heiligenberg

| Schloss |

Nördlich von Salem liegt Heiligenberg mit dem Schloss von Erbprinz Christian zu Fürstenberg. Bis 1575 wurde die Burg zum Renaissanceschloss umgebaut. Der Rittersaal mit der geschnitzten Holzdecke und die Schlosskapelle sind sehens-

ADAC Mobil

Da die Bodenseeregion so außerordentlich beliebt ist, muss in der Ferienzeit vermehrt mit **Staus auf der B 31** von Lindau bis Meersburg gerechnet werden.

Weder Gitter noch Gräben – die Salemer Berberaffen leben wie in freier Wildbahn

wert. Hier bietet sich ein Vergleich der Renaissancearchitektur mit dem in der Bodenseeregion vorherrschenden Barockbaustil an.

■ Tourist-Info, Schulstr. 5, 88633 Heiligenberg, Tel. 075 54/99 83 12, www.heiligenberg.de, bis auf Weiteres keine Schlossführungen, Informationen bei der Tourist-Info.

13 Meersburg

Eine alte Burg und ein neues Schloss über der historischen Stadt

Information

■ Meersburg Tourismus, Kirchstr. 4, 88709 Meersburg, Tel. 075 32/44 04 00, www.meersburg.de

Ihre Traumlage macht die denkmalgeschützte mittelalterliche Stadt mit barocker Silhouette zu einem begehrten Urlaubs- und Ausflugsziel am Bodensee. Meersburg ist ein Bestandteil der großen touristischen Route »Deutsche Fachwerkstraße« mit der ältesten, noch privat bewohnten Burg Deutschlands, prachtvollen Schlossanlagen, malerischen Gässchen, Winkeln und wunderschönen Plätzen. Hier begegnen wir der Dichterin Annette von Droste-Hülshoff, treten in Gemäldesammlungen ein, erkunden Stadtgeschichte und Weinbau – der »Meersburger« ist ein vorzüglicher Tropfen. Im Sommer zeigt sich Meersburg recht umtriebig. Im Winter ist die Stadt verschlafen, was Kenner zu schätzen wissen.

Die »Magische Säule« des Bildhauers Peter Lenk auf der Hafenmole zeigt Annette von Droste-Hülshoff und den Freiherrn Joseph von Laßberg.

Sehenswert

Alte Burg Meersburg

| Burg |

4 *In der Burg wird das Leben im Mittelalter wieder lebendig*

Die Alte Burg Meersburg gilt als älteste bewohnte Burg Deutschlands. Die Errichtung wird auf den Merowinger-König Dagobert I. (7. Jh.) zurückgeführt. Beim Betreten des Gemäuers befindet man sich in der Welt des Mittelalters. Zum Rundgang gehören Burgküche, Schmiede, Rittersaal, Burgverlies, Stall, Waffenhalle und Wehrgänge, die Folterkammer und das »Angstloch«, worin die Gefangenen abgeseilt wurden, um dort zu sterben oder für Lösegeld freigekauft zu werden. Annette von Droste-Hülshoff lebte von 1841 bis 1848 auf der Burg. Wohnräume und Sterbezimmer können besichtigt werden.

■ Schlosspl. 10, Tel. 075 32/800 00, www.burg-meersburg.de, tgl. 10–18.30 Uhr, 12,80 €, Kinder (6–13 J.) 8 €

Neues Schloss Meersburg

| Schloss |

Das Neue Schloss Meersburg mit seiner barocken Außenfassade wurde als prachtvolle Residenz der Konstanzer Fürstbischöfe erbaut. 1803 kam das Schloss im Zuge der Säkularisation mit Aufhebung des Bistums in den Besitz des Landes Baden. Danach diente es als Kaserne, Gefängnis, Seemannsschule und Taubstummenanstalt. Der Spiegelsaal, das barocke Treppenhaus und der Schlossplatz bieten heute einen glanzvollen Rahmen für Schlosskonzerte.

■ Schlosspl. 12, Tel. 075 32/440 49 00, www.neues-schloss-meersburg.de, 25. März–6. Nov. tgl. 9.30–18 Uhr, 6 €, Kinder 3 €

vineum bodensee

| Weinmuseum |

Das 400 Jahre alte Heilig-Geist-Spital der Stadt Meersburg wurde als Weinmuseum umgebaut. Im Eingangsbereich thront eine noch funktionsfähige Weinpresse – ein Weintorkel von 1607. Weinaromen können geschnuppert werden, im vineum-store gibt's Weinaccessoires und in der vinemathek Bodenseewein in Probierschlucken.

■ Abt. Kultur & Museum, Vorburggasse 11, Tel. 075 32/44 02 60, www.vineum-bodensee.de, 7 €, Kinder 5 €, Führungen ohne Anmeldung So, Fei 15 Uhr

Parken

Rund um Meersburg Großparkplätze, teils mit Pendelbusverkehr zur Burg.

Restaurants

€€€ | **Markgräfliche Badische Weinstube** Gerichte aus der Region. ■ Unterstadtstr. 17, Tel. 075 32/496 42, www.badische-weinstube.com

€€€ | **Winzerstube zum Becher** Spezialitäten aus der badischen Küche. 2023 Neueröffnung nach langer Renovierungspause. ■ Höllgasse 4, Tel. 075 32/90 09, www.winzerstube-zum-becher.de

Cafés

Burg-Café Im Barocksaal der Alten Burg gibt es Kaffee, Kuchen, Eis, Vesper und Bodenseeweine. ■ Schlosspl. 10, Tel. 075 32/800 00, www.burg-meersburg.de, tgl. 10–18.30 Uhr

ADAC Mobil

Die **Autofähre Meersburg–Konstanz/Staad** (auch für Radler) ist mit 15 Min. Fahrtzeit die Alternative zur 58 km langen Autofahrt um den Überlinger See.

Meersburg: ab 0.05–23.05, 8.05–21 Uhr alle 15 Min. (Saison), 3,40 €, Kinder 1,70 €, Pkw ab 8,40 €; Tickets an Bord; www.faehre-konstanz.de.

Einkaufen

Die Meersburger Altstadt lädt in ihren romantischen mittelalterlichen Gassen zum gemütlichen Shoppen von Spezialitäten aus Backstuben, Metzgereien, Fischereien und von Weinen vieler Bodenseeweingüter ein.

14 Hagnau

Die idyllische Gemeinde am See ist bekannt für ihre Weine

Information

■ Tourist-Information Hagnau, Im Hof 1, 88709 Hagnau, Tel. 075 32/43 00 43, www.gemeinde-hagnau.de

Hagnau ist umgeben von Weinbergen und Obstgärten. Mit dem 300 Jahre alten riesigen Baumtorkel am Hagnauer Uferpark wurden noch bis 1950 Trauben gepresst. Wie dass funktionierte, erklärt eine Schautafel.

Sehenswert

St. Johannes Baptist

| Kirche |

Die rund 800 Jahre alte katholische Kirche weist unterschiedliche Baustile auf: einen romanischen Turm, einen gotischen Chor und ein barockes Kirchenschiff. Die hier aufgestellte Büste des hl. Johannes wurde 1963 bei der »Seegfrörne« von Hagnau über den Bodensee nach Münsterlingen in die Schweiz getragen. In der ehemaligen Klosterkirche wartet der hl. Johannes nun darauf, dass der Bodensee wieder einmal tragfähig zufriert und er zurück nach Hagnau geleitet werden kann.

■ Kirchweg 3, Tel. 075 32/62 31

Büste der Annette von Droste-Hülshoff im Meersburger Schlossgarten

Winzerverein Hagnau

| Winzergenossenschaft |

Pfarrer Heinrich Hansjakob (1869–1884) war Schriftsteller, früher Bürgerrechtler und ein Weinvisionär. Er gründete 1881 diese erste badische Winzergenossenschaft, um den Weinbauern aus der wirtschaftlichen Krise infolge der Säkularisation Anfang des 19. Jh. zu helfen. Der Winzerverein Hagnau führt fachkundige Weinproben durch.

■ Strandbadstr. 7, Tel. 075 32/10 30, www.hagnauer.de, April–Okt. Mo–Fr 8–18, Sa ab 9 Uhr

Restaurants

€€€ | **Seehof** Hotel-Restaurant mit ausgezeichneter saisonale Regionalküche.

■ Bachstr. 15, 88090 Immenstaad, Tel. 075 45/93 60, www.seehof-hotel.de

15 Friedrichshafen

Geschäftige Messe- und Zeppelinstadt

Uferpromenade von Friedrichshafen mit Wasserfontäne

Information

- Tourist-Information, Bahnhofpl. 2, 88045 Friedrichshafen, Tel. 075 41/ 20 35 54 44, www.friedrichshafen.de/tourismus
- Parken: siehe S. 104

Die Messe- und Zeppelinstadt Friedrichshafen am nordöstlichen Bodenseeufer sollte man möglichst von der Seeseite aus ansteuern. Dann präsentiert sich die Stadt – mit ihren rund 61000 Einwohnern nach Konstanz die zweitgrößte am Bodensee – mit ihren wie Perlen aufgereihten Sehenswürdigkeiten von ihrer schönen Seite: Schloss und Schlosskirche, Kultur- und Veranstaltungstempel Graf Zeppelin Haus, Jacht- und Gondelhafen, Seefontäne, malerisches Rund des Altstadtufers, Moleturm, Hafeneinfahrt und Zeppelin Museum. Dieses und das Dornier Museum dokumentieren eindrucksvoll die Geschichte der Luftfahrtentwicklung in der Bodenseeregion. Seit den 1990ern werden mit dem »Zeppelin NT« (Neuer Technologie) wieder Luftschiffe gebaut – darin über den See zu schweben, ist ein echtes Highlight. Schiffs- und Fährverbindungen, der Katamaran, die Bahnanbindung und der Airport Friedrichshafen machen Friedrichshafen zum Verkehrsknotenpunkt in der Bodenseeregion.

Plan S. 106

Sehenswert

1 Schloss und Schlosskirche

| Schlossanlage |

9 *Residenz der Herzogin Marie von Württemberg und Barockkirche*

Das Schloss Friedrichshafen wurde 1654 vom Vorarlberger Michael Beer als Benediktinerkloster erbaut. Im Zuge der Verweltlichung in Deutschland gerieten 1806 die autonomen Besitztümer der Kirche in die Hände der Monarchen, so kam auch das Kloster Hofen in den Bestand des Königreichs Württemberg und wurde als Schloss zur Sommerresidenz umgebaut. Bis heute ist es samt Schlosspark Privatbesitz des Hauses Württemberg. Herzogin Marie von Württemberg und ihre Kinder bewohnen den Westflügel. Im Ostflügel befindet sich die Hofkammer. Eine Innenbesichtigung ist nicht möglich. Wohl aber die Vinothek mit guten Weinen, regionalen Köstlichkeiten und Wildspezialitäten. Stille Momente lassen sich auf dem Schlosshorn an der Uferanlage vor dem Schloss genießen. Sehenswert ist die prächtige evangelische Schlosskirche, ein Bauwerk Christian Thumbs (1695–1701) am Nordflügel der Schlossanlage. Die beiden 55 m hohen Kuppeltürme bilden das Wahrzeichen der Stadt.

■ Schlossstr. 2, Tel. 075 41/213 08, www.schlosskirche-fn.de

2 Schulmuseum

| Museum |

Das Schulmuseum in einer alten Villa zählt zu den größten und schönsten Deutschlands. Gezeigt werden drei originale Klassenzimmer von 1850, 1900 und 1930. Man darf in den Bänken Platz nehmen und z. B. das Schreiben auf Schiefertafeln probieren.

■ Friedrichstr. 14, Tel. 075 41/20 35 56 10, www.schulmuseum-fn.de, Di–So 10–17 Uhr, 3,50 €, Kinder (bis 6 J.) frei

ADAC Spartipp

Die **Gästekarte Friedrichshafen** wird vom Gastgeber ausgestellt. Sie bietet viele ermäßigte Vorteile und kostenfreie Leistungen in der Stadt und näheren Umgebung. Download der Broschüre zur Gästekarte unter www.friedrichshafen.de

Plan S. 106

3 Zeppelin Denkmal

| Denkmal |

Die hohe schlichte Bronzesäule im Uferpark unterhalb des Bahnhofs ist Gedenkstätte für Ferdinand Graf von Zeppelin. Sie trägt als Inschrift den berühmten, historisch allerdings nicht belegten Satz des Grafen: »Man muss nur wollen und daran glauben, dann wird es gelingen!« Ob vom Grafen gesagt oder nicht – der Spruch passt zu seinem Pioniergeist und steht heute symbolisch für die visionäre Philosophie Friedrichshafens.

4 Zeppelin Museum

| Museum |

5 *Alles über die Anfänge der deutschen Luftfahrtgeschichte*

Im denkmalgeschützten ehemaligen Hafenbahnhof, der im Bauhausstil errichtet wurde, präsentiert das Zeppelin Museum in der Technikabteilung die international bedeutendste Sammlung der Zeppelin-Luftschifffahrt. Höhepunkt der großen Ausstellungshalle ist die begehbare Rekonstruktion eines Teilabschnitts der »Hindenburg« (LZ 129) mit Promenadendeck und

Im Blickpunkt

Bleibt die »Landshut« in Friedrichshafen?

Das zeitgeschichtlich bedeutende Lufthansa-Flugzeug »Landshut«, 1977 von Terroristen entführt und von der GSG 9 befreit, hatte 40 Jahre nach dem »Deutschen Herbst« auf Initiative von Ex-Außenminister Gabriel (SPD) im Dornier Museum eine neue Heimat gefunden. Finanzierungsprobleme der geplanten Dauerausstellung ließen das Flugzeugwrack lange in Friedrichshafen schlummern. Doch mit 15 Mio. Euro Staatsgeldern wurde die Bundeszentrale für politische Bildung (BPB) beauftragt, ein Bildungs- und Dokumentationszentrum rund um das Flugzeug zu konzipieren.

Wie der Traum vom Fliegen wahr wurde, erlebt man im Zeppelin Museum

Passagierkabinen. Im Museum ist der Zusammenhang des Luftschiffbaus mit dem Zeppelin-Konzern und der Einsatz von Zeppelinen im Ersten Weltkrieg dargestellt. Ebenso der Fortgang des Unternehmens in der Zwischenkriegszeit und seine spätere wirtschaftliche Verflechtung mit dem Naziregime. Im Museumskomplex befindet sich eine umfangreiche Bibliothek, in die auch das Firmenarchiv der Luftschiffbau Zeppelin GmbH eingegliedert ist. Die Kunstsammlung des Zeppelin Museums ist mit über 400 Arbeiten von Otto Dix im Besitz einer umfangreichen Sammlung des in der NS-Zeit als »entartet« abgestempelten Künstlers. Von Max Ackermann, dessen Kunst ebenfalls als »entartet« eingestuft wurde, befinden sich 130 Werke im Bestand. Zudem zählt das Museum 380 Fotos des international bedeutenden Fotografen Andreas Feininger. Aus Platzmangel können diese Kunstschätze leider nicht dauerhaft ausgestellt werden.

■ Seestr. 22, Führungen Tel. 075 41/ 38 01 25, www.zeppelin-museum.de, Mai–Okt. tgl. 9–17, Nov.–April Di–So 10–17 Uhr, 11/12 €, Kinder (6–16 J.) 6/6,50 €

5 Dornier Museum

| Luft- und Raumfahrtmuseum | Für die auffällige moderne Architektur des Dornier Museums zur Luft-

Gefällt Ihnen das?

Um Leben und Werk des Malers Otto Dix besser kennenzulernen, lohnt auch ein Besuch im **Museum Haus Dix** (S. 82) in Gaienhofen-Hemmenhofen sowie im **Rathaus von Singen** (S. 84).

100 Jahre Luft- und Raumfahrtgeschichte im Dornier Museum

und Raumfahrtgeschichte stand ein Flugzeughangar Pate. Unmittelbar am Flughafen Friedrichshafen gelegen erstrahlt das Gebäude in der Nachtdämmerung in einem futuristischen Lichtspektrum. Getreu dem Motto »Jeder Mensch kann ein Pionier sein« finden Technikfans und Luftfahrtinteressierte darin auf über 6000 m² eine Erlebniswelt mit mehr als 400 Ausstellungsstücken. Unter den Dornier-Großflugzeugen befindet sich auch das erste Metall-Flugboot der Welt, die »Dornier Wal«. Im Bereich Raumfahrttechnik sind erprobte Satelliten, ein begehbares Sonnensystem und der Teil eines Raumlabors zu entdecken sowie in der »Museumsbox« aufwendige Videoinstallationen zur

Entwicklung der Luft- und Raumfahrtgeschichte zu sehen.

■ Claude-Dornier-Pl. 1, Tel. 075 41/487 36 00, www.dorniermuseum.de, Mai–Okt. tgl. 10–17, Nov.–April Di–So 10–17 Uhr, 11,50 €, Kinder (6–16 J.) 6 €

6 Zeppelin Hangar

| Flugwerft |

Die Führung durch den Zeppelin Hangar, zugleich Check-in für die Zeppelinflüge, ist eine Ergänzung zum Zeppelin Museums, der in die Jetztzeit des modernen Zeppelinbaus führt. Allein die freitragende Halle ist eine Attraktion. Werftführer erklären die faszinierende Welt der Zeppeline neuer Generation – die Entwicklung und Fertigung des Luftschiffs »Zeppelin NT«.

■ Werftbesichtigung April–Mitte Nov. Di, Fr 16, Anm. bis 14 Uhr, Messestr. 132, Tel. 075 41/590 03 43, www.zeppelinflug.de, 9,50 €

ADAC Mobil

Die **Fähre** von Friedrichshafen (Anlegestelle Hafen) nach Romanshorn ist die schnellste stündliche Verbindung (40 Min.) in die Schweiz. Gespart werden 70 km auf der Straße. Auch für Fußgänger und Radler. Gültige Ausweispapiere mitführen. Für Hunde werden ein EU-Heimtierausweis, gültige Tollwutimpfung und Chip verlangt.

www.bsb.de, Fahrplan 10 €, Kinder (6-15 J.) 5 €

Der **Katamaran** (für Fußgänger und Radler) verbindet Friedrichshafen (Anleger Buchhorner Pl., Fußgängerzone) mit Konstanz (52 Min.).

www.der-katamaran.de, 11,50 €, Kinder (6–14 J.) 5,60 €

7 Schauhaus im Zeppelindorf

| Museum |

Das Wohnen und Leben der Arbeiterfamilien in Friedrichshafen zur Gründungszeit der Zeppelinindustrie wird im Schauhaus im Zeppelindorf lebendig. Man erhält aus dieser Perspektive viele spannende Informationen über die Stadt und ihre Konzerngeschichte. Das heute noch gern bewohnte Zeppelindorf mit seinen komfortablen Häusern und Gärten für Selbstversorgung und Kleintierhaltung bot einen Einkaufsladen, eine Metzgerei und einen Gasthof. Errichtet wurde die Siedlung 1914 bis 1919 von der Zeppelin-Wohlfahrt – in deren Besitz sie heute noch ist – für die vermehrt nach Friedrichshafen ziehenden Arbeitskräfte.

■ König-Wilhelm-Pl. 12, Tel. 075 41/38 01 25, www.zeppelin-museum.de, 1. Mai–31. Okt. So 12–17 Uhr, 5 €, Kinder frei

8 ZF Forum

| Unternehmensausstellung |

Die Hauptverwaltung des ZF Konzerns ermöglicht Besuchern auf über 3000 m² Ausstellungsfläche facettenreiche Einblicke in Geschichte und Gegenwart des weltweit tätigen Unternehmens. Ob im Auto, Bus, Lkw oder in der Windkraftenergie – überall sind ZF-Technologien enthalten. Ein Unternehmensfilm im ZF Forum gibt Ausblicke auf eine mögliche Welt von morgen mit Themen wie »autonomes Fahren«.

■ Löwentalerstr. 20, Infos, wann und zu welchen Zeiten das ZF Forum besucht werden kann unter www.zf-forum.com

P Parken

Übersicht der zahlreichen Parkmöglichkeiten unter: www.friedrichshafen.de, Wirtschaft & Mobilität

Im Blickpunkt

Die Zeppelinstadt Friedrichshafen

Die Bedeutung Friedrichshafens als Industriestadt geht auf den Luftfahrtpionier Ferdinand Graf von Zeppelin (1838–1917) zurück. Mit Theodor Kober, seinem Ingenieur der ersten Stunde, entwickelte Zeppelin das lenkbare Starrluftschiff LZ 1 (1900). Mit der gigantischen Volksspende der Deutschen infolge der Havarie des Luftschiffs LZ 4 1908 in Echterdingen konnte Zeppelin den Luftschiffbau fortsetzen und gründete 1908 die Luftschiffbau Zeppelin GmbH als Stiftungsunternehmen. Darin waren der Motorenbau Karl Maybachs, die Zahnradfabrik Friedrichshafen (1915) für Getriebe und die Entwicklungsabteilung um Ingenieur Claude Dornier für die zukunftsweisende Konstruktion von Riesenflugbooten angesiedelt. Das aufrüstende Deutsche Kaiserreich spülte Auftragsgelder für Kriegsluftschiffe in die Kassen und ließ Friedrichshafen zum bedeutenden Luftfahrtzentrum werden. Nach dem Ersten Weltkrieg stoppte die Industrieproduktion, erholte sich durch Aufträge der US-amerikanischen Marine aber rasch wieder. Mit dem Unglück 1937 des Großluftschiffs »LZ 129 Hindenburg« in Lakehurst (USA) war die Luftschifffahrt beendet. 1944 bombardierten die Alliierten den Rüstungsstandort Friedrichshafen. Der einfache Wiederaufbau prägt die städtische Architektur noch heute. Die Zeppelin-Stiftung fiel an die Stadt Friedrichshafen, wo sie seither gewinnbringend und dem Gemeinwohl verpflichtet geführt wird. Mit den Stiftungsunternehmen ZF und Zeppelin GmbH ist die Stadt – nach wechselvoller, finsterer Geschichte – heute Verwalterin des gräflichen Unternehmenserbes.

Restaurants

€€€ | Restaurant Felders im k42 Modernes Restaurant in schöner Hafenlage mit Café und Barbetrieb. ■ Karlstr. 42, Tel. 075 41/39 19 55, www.felders-restaurant.de, Di–Do 11–23, Fr 11–24, Sa 10–24, So 10–17 Uhr, Plan S. 106 c3

€€€ | Restaurant Hotel Maier Regionale Küche aus Allgäu, Bregenzer Wald und Appenzeller Land. ■ Poststr. 1–3, Friedrichshafen-Fischbach, Tel. 075 41/40 40, www.hotel-maier.de, Mo–SO 18–23 Uhr

Cafés

Weber & Weiss Das Konditorei-Café ist berühmt für selbst gemachte, hochwertige Schokoladenspezialitäten sowie Kuchen und (Zeppelin-)Torten. Zeppelin-Nugattaler und Schokoladen--Zeppeline erinnern auf zuckersüße Weise an den Grafen Zeppelin und wandern gern als Mitbringsel ins Gepäck. Leckerstes Eis weit und breit! ■ Wilhelmstr. 23, Tel. 075 41/217 71, www.weber-weiss.de, Plan S. 106 c3

Café im Rathaus Wohlfühlatmosphäre drinnen und im Sommer mit schöner Terrasse draußen vor dem Rathaus, mediterran ausgerichtete, abwechslungsreiche Speisekarte. ■ Adenauerpl. 1, Tel. 075 41/3817766, www.cafe-im-rathaus.com, Mo–Do 9–23, Fr, Sa 8–1, So 10.30–23 Uhr, Plan S. 106 c3

Einkaufen

Die **Vinothek** im Schloss Friedrichshafen bietet Weine und Delikatessen aus Weingut und Wäldern des Herzogs von Württemberg auch zum Probieren an. ■ Im Schloss, Tel. 075 41/30 73 32, www.weingut-wuerttemberg.de, Di–Fr 14–18, Sa 10–13 Uhr, Plan S. 106 a3

Kneipen, Bars und Clubs

Tiffany's lounge Trendige Cocktailbar in gemütlicher Atmosphäre für Nachtschwärmer. ■ Friedrichstr. 73, Tel. 075 41/ 9553111, www.tiffany-lounge.de, Mo–Fr 20–3, Sa, So bis 5 Uhr, Plan S. 106 c3

Kinder

Das **Zeppelin Museum** bietet Führungen und Workshops für Erwachsene und Kinder (ab 6 J.) an.

Das **Dornier Museum** lädt zu Museumsrundgängen für Kinder im Vorschulalter (4–6 J.), Grundschulalter (6–10 J.) sowie für Jugendliche (12–14 J. und ab 14 J.) ein. Eine Anmeldung ist erforderlich.

Events

Zur Sommerferienzeit findet am Uferpark zehn Tage lang das **Kulturufer** statt, ein Festival mit Musik, Tanz, Theater, Clownerien und Akrobatik in Zirkuszelten und unter freiem Himmel. ■ kulturufer.de

Erlebnisse

(10) **Zeppelinflug** Der Mythos Zeppelin wird seit 2001 mit touristischen Flügen im Halbstarrluftschiff »Zeppelin NT« (Neuer Technologie) wieder spürbar. Den gesamten Bodenseeraum im schwebenden »NT« aus 300 Metern Höhe zu betrachten, zählt zu den kostspieligeren, aber dafür unvergesslichen Erlebnissen in der Vierländerregion. Das Einsteigen in den leicht im Wind pendelnden Zeppelin gestaltet sich ein wenig aufregend. Überraschend sanft ist danach der schnelle Aufstieg in einen angenehmen, total entspannenden Schwebezustand. Während des Zeppelinflugs können die Türfenster für perfekte Fotoshootings geöffnet werden. ■ www.zeppelinflug.de

Ein Zeppelinflug über dem See zählt zu den unvergesslichen Urlaubserlebnissen

ADAC Mittendrin

Oberhalb der Ortschaft Ailingen liegt mitten in den Wiesen die kleine **Haldenbergkapelle**. In der Silvesternacht lädt der Veranstalter Sankt Johannes Baptist Ailingen jährlich Christen aller Konfessionen zu einem besinnlichen **Jahresausklang** mit Blick über den Bodensee und die Feuerwerke ein.

Haldenberg, Friedrichshafen-Ailingen, Beginn 23.15 Uhr, Anmeldung nicht erforderlich.

Im Blickpunkt

Seehasenfest mit Großfeuerwerk

Mitte Juli wird Friedrichshafen vom Seehasenfest-Fieber gepackt. Dann findet jährlich das fünftägige Kinder- und Heimatfest statt. Sportwettkämpfe, Fischerstechen, Hasenkleeverteilung (Tüte Süßes mit kleinem Seehäsle) an Erstklässler, der Festzug der »Häfler« Schulen und ein Großfeuerwerk Samstagnacht sind die Highlights der Veranstaltung. Viele ehrenamtliche Helfer, Vereine, Wirte, Feuerwehr, Rettungskräfte und Polizei sind unermüdlich für das Gelingen eines der größten Feste am Bodenseeufer auf den Beinen. Das Spektakel strebt seinem Höhepunkt bei glänzenden Kinderaugen entgegen, wenn der Seehas mit Kanonenschüssen, Pauken und Trompeten in Begleitung der »Weißen Flotte« samstags aus dem »Tiefseemöhrenfeld« des Bodensees an Land geholt wird (www.seehasenfest.de).

16 Tettnang

Barocke Montfort-Stadt zwischen Obstwiesen und Hopfengärten

Information

■ Tourist-Information, Montfortstr. 41, 88069 Tettnang, Tel. 075 42/51 05 00, www.tettnang.de

Unweit vom Trubel des Bodensees lernt man in gemütlichen Cafés und hervorragenden Restaurants das barocke Flair der historischen Altstadt von Tettnang schätzen. Der Besuch des Neuen Schlosses und des Montfort-Museums führt zurück in die über 500-jährige Residenzzeit der Grafen von Montfort.

Sehenswert

Neues Schloss Tettnang

| Schloss |

11 *Prunkvoller Stammsitz des Adelsgeschlechts der Montfort*

Der Lebensstil der Grafen von Montfort, die von 1260 bis 1780 in Tettnang residierten, war aufwendig, und nicht nur der Bau ihres prachtvollen und luxuriös ausgestatteten Neuen Tettnanger Schlosses (Bau ab 1717 unter Anton III.) dürfte die gräfliche Schatulle schwer gebeutelt haben. Nachdem das Schloss Mitte des 18 Jh. den Flammen zum Opfer gefallen war, bauten die verschuldeten Grafen es mit einem Kredit aus Österreich gleich wieder auf. Die Schulden wuchsen in den Himmel, und die Grafschaft samt Schloss fiel 1779 an Österreich. 1787 erlosch das Adelsgeschlecht mit dem Tod des letzten seiner Grafen, Anton IV. Heute ist das barocke Schmuckstück mit seinem

Wie Phönix aus der Asche: das Neue Schloss Tettnang

schönen Garten im Besitz des Landes Baden-Württemberg. Die Prunkräume, Treppenhäuser, Korridore sowie ein Informationsraum zu den Montforts und zur Baugeschichte können ganzjährig im Rahmen von Schlossführungen besichtigt werden.

■ Montfortstr. 1, www.schloss-tettnang.de, 1. April–31. Okt. Di–So, Fei 11–17 Uhr, 7 €, Kinder 3,50 €, Themenführungen unter www.tettnang.de/fuehrungen, Fotografieren verboten

Restaurants

€€–€€€ | Restaurant Hotel Rad Regional verwurzelte schwäbische Küche mit internationalen Einflüssen. ■ Lindauer Str. 2, Tel. 07542/5400, www.hotel-rad.com

€€–€€€ | Tettnanger Krone Schwäbische Küche und selbst gebrautes Bier im einstigen Wohnhaus Anton IV., dem letzten Grafen von Montfort. ■ Bärenpl. 7, Tel. 075 42/74 52, www.tettnanger-krone.de

17 Ravensburg

Ravensburg – Stadt der Türme, Tore, Museen, Bücher und Spiele

Information

■ Tourist-Information, Lederhaus, Marienpl. 35, 88212 Ravensburg, Tel. 07 51/828 00, www.ravensburg.de

Die pädagogisch wertvollen Kinder- und Jugendbücher und Spiele des traditionellen Otto Maier Verlags haben die Stadt Ravensburg mit ihrem Firmenlabel »Ravensburger« im blauen Dreieck weltberühmt gemacht. Heute ist das Museumsviertel mit vier Museen ein weiterer, kulturell bedeutender Höhepunkt im regen, mit Türmen, Toren und lauschigen Gassen mittelalterlich geprägten Ravensburg. Die ehemals freie Reichsstadt zwischen Bodensee und Allgäu ist eine beliebte oberschwäbische Einkaufsmetropole und auch deshalb ein loh-

Mit der ganzen Familie nach Herzenslust spielen im Museum Ravensburger

nender Abstecher ins Hinterland. Nur wenige Kilometer weiter gen Norden liegt die Welfenstadt Weingarten mit der größten Barockbasilika nördlich der Alpen.

Sehenswert

Museumsviertel Ravensburg

| Museen |

12 *Museen zu Kunst, Geschichte, Buch, Spiel und Wirtschaftsleben*

Insgesamt vier Museen in der Ravensburger Oberstadt bilden das erlebnisreiche Viertel. Das Kunstmuseum Ravensburg beheimatet die beeindruckende Privatsammlung von Peter und Gudrun Selinka, eine hochklassige Kollektion des deutschen Expressionismus. Das Museum Humpis-Quartier besteht aus sieben Gebäuden und ist eine begehbare Lebenswelt, in der die städtische Kulturgeschichte (11.–20. Jh.) nacherlebt werden kann. Im Wirtschaftsmuseum Ravensburg wird die Wirtschaftsgeschichte (19.–20. Jh.) der Region in multimedialer Inszenierung unterhaltsam vermittelt, und im Museum Ravensburger darf nach Herzenslust gespielt und in den Büchern mit dem blauen Dreieck geschmökert werden. Damit wird auch für Kinder ein Museumstag zum Vergnügen, der gerne ein wenig länger dauern darf.

- Kunstmuseum Ravensburg, Burgstr. 9, www.kunstmuseum-ravensburg.de, Di 14–18, Mi–So 11–18, Do bis 19 Uhr, 7 €
- Museum Humpis-Quartier, Marktstr. 45, www.museum-humpis-quartier.de, Di–So 11–18 Uhr, 7 €, Kinder (bis 18 J.) frei
- Wirtschaftsmuseum Ravensburg, Marktstr. 22, www.wirtschaftsmuseum-ravensburg.de, Di–So 11–18 Uhr, 4 €
- Museum Ravensburger, Marktstr. 26, www.museum-ravensburger.de, Mo–So 10–17 Uhr, 10,50 €, Kinder (3–14 J.) 8 €

Parken

Parken in Ravensburg günstig rund um die Altstadt in Parkhäusern und auf Parkplätzen.

Restaurants

€€ | Kuppelnau Schwäbische und voralpenländische Küche. ■ Kuppelnaustr. 18, Tel. 07 51/359 28 29, www.kup pelnau-wirtschaft.de, Mo–Fr, So 17–22 Uhr

€€ | Zum Engel Schwäbische Gerichte und internationale Spezialitäten. ■ Marienpl. 71, Tel. 07 51/363 61 30, www.engel-ravensburg.de, Di–Sa 10–24 Uhr

Kinder

13 In Meckenbeuren, 9 km südlich von Ravensburg gelegen, bietet das **Ravensburger Spieleland** Spiel, Spaß und Action für die ganze Familie. Highlight der acht Themenwelten mit über 70 Attraktionen sind das Alpin Rafting (ab 3 J.) und die »Grüne Oase« (ab 4 J.), in der Abenteuer wie im Heustadelhüpfen, Traktorfahren, Ponyreiten und Kühemelken winken. Im Freizeitpark kann man in Ferienhäusern und Forscher-Zelten übernachten.

■ Am Hangenwald 1, 88074 Meckenbeuren, Tel. 075 42/40 00, www.spieleland.de

ADAC Mittendrin

Bereits seit 1529 wird ein kostbares Kleinod der Basilika Weingarten, die **Heilig-Blut-Reliquie**, mit dem »Blutritt« verehrt – der größten religiösen Reiterprozession Europas. Die Heiligen Blutstropfen von Jesus Christus werden jeweils am »Blutfreitag«, dem Tag nach Christi Himmelfahrt, von rund 2500 Reitern und neu: Reiterinnen in Begleitung von zahlreichen Musikkapellen durch die Stadt Weingarten geführt.

www.blutfreitag.de

In der Umgebung

Basilika Weingarten

| Wallfahrtskirche |

In der Nachbarschaft von Ravensburg liegt Weingarten. Die Welfenstadt beherbergt auf dem Martinsberg inmitten einer Klosteranlage die größte Barockkirche nördlich der Alpen. Erbaut wurde die katholische Pfarrkirche zwischen 1715 und 1724 unter Abt Sebastian Hyller. Die Fresken von Damian Asam, der Chor von Joseph Anton Feuchtmayer, der Hochaltar von Donato Giuseppe Frisoni, die Heilig-Blut-Reliquie und die berühmte Orgel von Joseph Gabler erheben die Basilika St. Martin zu einem der bedeutendsten Kirchenbauwerke des Hochbarock an der Oberschwäbischen Barockstraße. Die fulminante Orgel ertönt während der Gottesdienste und in internationalen Orgelkonzerten namhafter Organisten.

■ Kath. Kirchengemeinde St. Martin, Kirchpl. 3, 88250 Weingarten, Tel. 07 51/56 12 70, www.st-martin-weingarten.de, April–Okt. tgl. 8–18, Nov.–März bis 17 Uhr

18 Eriskirch

Staatlich anerkannter Erholungsort in idyllischer Umgebung

Information

■ Tourist-Information, Schussenstr. 18, 88097 Eriskirch, Tel. 075 41/97 08-0, www.eriskirch.de

Eriskirch liegt eingebettet in dem größten Naturschutzgebiet am nördlichen Bodenseeufer. Obstanlagen, Hopfengärten und Wald laden zu erholsamen Spaziergängen, leichten Wanderungen

Der Langenargener Hafen – Startpunkt für viele Ausflugsfahrten

und Radausflügen ein. Das Strandseebad mit Wasserrutsche und einem Kinderbereich sowie die urige Dorfgastronomie sorgen für das Wohlbefinden der großen und kleinen Gäste. Eriskirch wird erstmals 1257 erwähnt. Die Pfarrkirche Mariä Himmelfahrt zählt zu den ältesten Wallfahrtskirchen in der Region. Mit ihrem spitzen Turm ist sie das Wahrzeichen der Gemeinde. Sehenswert ist der hochgotische Chorraum mit Trockenmalereien (1420–1430). Kostbar auch das Gnadenbild der Maria mit dem Jesuskind von 1350. Die katholische Pfarrkirche »Zu unserer lieben Frau« im Ortsteil Mariabrunn ist jüngeren Datums, urkundlich wurde sie zuerst 1480 erwähnt. Erstaunlich, dass eine so kleine Gemeinde zwei Kirchenbauten dieser Größenordnungen hervorgebracht hat.

19 Langenargen

Durch seine exponierte Lage am See ist der Ort sonnenverwöhnt

Information

■ Tourist-Information, Obere Seestr. 2/1, 88085 Langenargen, Tel. 075 43/93 30 92, www.tourismus-langenargen.de

»Versäume ja Langenargen nicht!«, schwärmte Annette von Droste-Hülshoff im Jahr 1842 nach ihrem Besuch dieses malerischen Ortes. Man kann der Dichterin nur beipflichten: Die gleißende Weite und der feine Duft des Sees, die stille Bucht, der fantastische Blick auf die Alpen, das historisch geprägte Flair der Stadt lassen sofort eine unvergleichlich entspannte Atmosphäre entstehen. Das Kunstmuseum, die Kleinkunstbühne Münzhof, der Konzertsaal auf Schloss Montfort, das Kavalierhaus und die mächtige Barockkirche St. Martin zählen zu den Sehenswürdigkeiten vor der traumhaften Seekulisse.

Sehenswert

Schloss Montfort

| Schloss |

14 *Auf der Schlossterrasse den Sonnenuntergang genießen*

Montfort, auf einer Halbinsel gelegen, ist eines der schönsten Schlösser am Bodensee. Der Turm darf nach der Schlossrenovierung wieder bestiegen werden. Gemälde des 16. bis 18. Jh. aus der Sammlung Günther Grzimek sind im Schloss verteilt und werden im Rahmen von Veranstaltungen gezeigt. Hier finden auch die Langenargener Schlosskonzerte statt.

■ Untere Seestr. 3, Tel. 075 43/93 30 92, www.tourismus-langenargen.de, Turmbesteigung März–Okt. tgl. 10–17 Uhr, 2 €, Kinder 1 €

Barockkirche St. Martin

| Kirche |

Die Katholische Pfarrkirche St. Martin zählt zu den Perlen der Oberschwäbischen Barockstraße. Graf Anton III. von Montfort ließ die prunkvolle, von Licht durchflutete Kirche von 1718 bis 1720 erbauen. Mit dem Spital »Zum heiligen Geist«, dem heutigen Altersheim, bildet sie das historische Herzstück Langenargens. Im Innenraum sehenswert sind der in zwei Geschosse gegliederte Hochaltar und die Deckenfresken von Franz Anton Maulbertsch.

■ Marktpl. 7, se-seegemeinden.drs.de

Restaurants

€–€€€ | Landgasthof Adler Seit 1715 ist der lauschig gelegene historische und denkmalgeschützte Landgasthof Adler in Oberdorf im Familienbesitz. In den Gaststuben herrscht schwäbisch bodenständige Gemütlichkeit, und die Landgastzimmer bezaubern mit liebevoller Ausstattung. Im Sommer lädt eine Blumenterrasse zum Entspannen ein. Auf den Teller kommen frisch zubereitete Lebensmittel aus eigener Produktion sowie aus der Umgebung. Adlerstr. 3, Tel. 075 43/28 07, www.adler-oberdorf.dee, Mo–So 16.30–24 Uhr

€€€ | Hotel Restaurant Schwedi Auf Fischgerichte – besonders aus der familieneigenen Fischerei – spezialisiertes gemütliches Restaurant. ■ Schwedi 1, Tel. 075 43/93 49 50, www.hotel-schwedi.de, Mittag-/Abendessen Mi–So 11.30–13.45, 17.45–20.45 Uhr

Im Blickpunkt

Schloss Montfort – einst königlicher Sommersitz

Die Grafen Montfort herrschten mehrere Jahrhunderte über die Bodenseeregion. Ihre im 14. Jh. in Langenargen errichtete »Burg Argen« wurde im 18. Jh. mit Schlossgarten und Orangerie barock ausgebaut. Wegen hoher Schulden ging die Grafschaft 1780 an Österreich über. Die Burganlage verfiel zur Ruine. 1810 wurde Langenargen württembergisch. König Wilhelm I. von Württemberg ließ die alten Gemäuer abreißen und errichtete dort ab 1861 seine Sommerresidenz in maurischem Stil. Er starb 1864 vor der Fertigstellung. Thronfolger König Karl I. vollendete den Bau und nannte es »Schloss Montfort«. 1866 überließ Karl das Schloss seiner Mutter Pauline Therese Luise von Württemberg als Witwensitz für die Sommermonate. Nach Paulines Tod 1873 kaufte Marie Luise Anna von Preußen das Schloss und verbrachte dort bis zu ihrem Lebensende 1901 ihre Sommer. Heute besitzt die Gemeinde Langenargen Montfort und renoviert es umfänglich.

Cafés

Strand-Café Lang Im traditionellen Kaffeehaus nahe der Bootsanlegestelle und Schloss Montfort auf der Sonnenterrasse Köstlichkeiten aus der hauseigenen Konditorei, sorgsam ausgewählte Kaffeesorten oder erlesene Weine probieren. ■ Obere Seestr. 32, Tel. 075 43/932 00, www.strandcafe-lang.de, Café und Laden Di–So 11–18 Uhr

Sport

Die **Segelschule Montfort (BSM)** gilt zusammen mit der Seefahrtschule Süd seit Jahrzehnten länderübergreifend als maritime Kompetenz am Bodensee. Hier können alle Führerscheine und Funkzeugnisse erworben werden. ■ Obere Seestr. 25/1, Tel. 075 43/20 02, www.segelschule-bsm.de

20 Kressbronn

Ein herrliches Naturstrandbad und viele Wassersportmöglichkeiten

Information

■ Tourist-Information, Nonnenbacher Weg 30, 88079 Kressbronn, Tel. 075 43/966 50, www.kressbronn.de

Das von Obst- und Weingärten umgebene Kressbronn ist auch eine traditionsreiche Hopfenanbaugemeinde. Der Ferienort am Ufer des Bodensees bietet ein grandioses Schweizer Bergpanorama mit »Säntis-Blick«. Ob Wassersport, Wandern oder Radfahren, in Kressbronn geht es bodenständig, landwirtschaftlich und familienfreundlich zu. Das vermittelt neben der Hofanlage Milz auch der Höhenweg Bauernpfad.

Museum im Malhaus (rechts) auf der Halbinsel Wasserburg

Restaurants

€€€ | Gasthaus-Brauerei Max&Moritz Herzhafte Speisen, hausgebrautes Bier, Ausflugslokal mit Biergarten. ■ Weinbichl 6, Tel. 075 43/65 08, www.maxmoritz-bier.de, tgl. ab 11.30 Uhr

€€€ | Restaurant Kretzergrund Regionale und saisonale Küche, Seeterrasse. ■ Seestr. 50/1, Tel. 075 43/ 933 63 00, www.seehotel-kressbronn.de/restaurant-kretzergrund-bodensee, Mi–So 11–22 Uhr

Kinder

Viele Bauernhöfe in der Nähe von Kressbronn sind ideal für Familienurlaube. Sehr beliebt im Kinderferienprogramm sind Mais-Labyrinthe bei den örtlichen Landwirten, Pony-Erlebnistage, Kutschfahrten, das Naturstrandbad und eine Schifffahrt mit der »Weißen Flotte«.

21 Wasserburg

Besonders die Halbinsel bietet ein traumhaftes Bilderbuchmotiv

Information

■ Tourist-Information, Lindenpl. 1, 88142 Wasserburg, Tel. 083 82/88 74 74, www.wasserburg-bodensee.de

Im beschaulichen Ambiente rund um die idyllisch gelegene Halbinsel wird Erholungsuchenden ein entspannendes Bodenseefeeling mit kulturellen und sportlichen Möglichkeiten in bezaubernder Natur geboten: Entlang der Streuobstwiesen radeln, wandern, im Frühjahr die Kirschblüte und sommers das Badevergnügen im attraktionsreichen Strandbad Aquamarin sowie die Bodenseeschifffahrt genießen.

Sehenswert

Museum im Malhaus
| Museum |
1597 erbauten die Fugger dieses Gerichtsgebäude und Gefängnis mit Arrestzellen und einem Gerichtssaal. Hier befinden sich auch die »Hexenzellen im Malhaus« zur Dokumentation der Wasserburger Hexenprozesse. Dem berühmtesten Sohn Wasserburgs, dem Schriftsteller Martin Walser, ist im Malhaus eine Dauerausstellung gewidmet. ■ Halbinselstr. 77, Tel. 083 82/75 04 57, www.museum-im-malhaus.de, Mai–Okt. Mi–Fr 10.30–12.30, So 10.30–12.30 und 14–16 Uhr, 4 €

Restaurants

€€€ | Pinot Die Weinbar Im 100 Jahre alten Bauernhaus des »Weinguts Schmidt am Bodensee« trifft man sich zu einem Glas Wein und feinen regionalen Spezialitäten. Führungen durch die Weinberge und Keller mit Weinproben in der Vinothek auf Anfrage möglich. ■ Hattnau 62, Tel. 08382/9432174, www.schmidt-am-bodensee.de, 26. April–15. Okt., Di–Sa 13.30–23 Uhr

ADAC Mittendrin

Überall in der Bodenseeregion gibt es **Rädle**, die in uriger Atmosphäre zünftige Vesper bzw. Brotzeiten und Wein aus eigener Herstellung anbieten. Es sind beliebte ländliche Besen- und Straußenwirtschaften, die nur einige Wochen im Jahr geöffnet haben. Dafür sprechen sich die Winzer reihum (im Rad) ab, weshalb auch kein Strauß oder Besen, sondern ein Rad vor der Tür hängt.

22 Lindau

Mediterranes Flair in der denkmalgeschützten Altstadt

Die Hafeneinfahrt von Lindau ist das Wahrzeichen der Stadt

Information

- Lindau Tourismus und Kongress GmbH, Alfred-Nobel-Pl. 1, 88131 Lindau im Bodensee, Tel. 083 82/889 99 00, www.lindau.de
- Übersicht Stadtführungen, zu empfehlen u. a. mit Ulrike Below, Tel. 083 82/ 94 52 41, www.lindauer-gästeführer.de/ gästeführer
- Parken: siehe S. 120

Lindau, die »Insel, auf der Lindenbäume wachsen«, existiert seit 882 und steckt voller Sehenswürdigkeiten. Mit dem Schiff von der Seeseite kommend wird man an der Hafeneinfahrt von einem stolz dreinschauenden Prachtlöwen mit offenem Maul begrüßt, und man weiß sofort: Hier ist man in Bayern! 1856 erschuf der Münchner Professor Johann von Halbig den sechs Meter hohen Riesenlöwen aus Kelheimer Sandstein. Der observiert seitdem die Stadt, denn Lindau birgt viele Schätze: den Mangturm, das Alte Rathaus mit der »Ehemals Reichsstädtischen Bibliothek«, die Kirche St. Stephan, das Münster Unserer Lieben Frau, den Marktplatz mit dem mittlerweile geschlossenen Stadtmuseum Haus zum Cavazzen, den Diebsturm und die Peterskirche.

All diese Sehenswürdigkeiten zusammengenommen bilden einen stim-

Plan
S. 119

mungsvollen und abwechslungsreichen Reigen und sind gut zu Fuß erreichbar. Daneben sind an jeder Ecke der denkmalgeschützten, malerischen Altstadt teils skurrile Lindauer Eigenheiten zu entdecken.

Sehenswert

1 Lindauer Hafeneinfahrt

| Hafen |

15 *Ein riesiger bayerischer Löwe bewacht den Hafen*

Die Lindauer Hafeneinfahrt wird von einem gewaltigen, auf einem Sockel thronenden Löwen (1856) und dem Neuen Leuchtturm (1856) flankiert. 139 Stufen sind es bis zur Aussichtsplattform, um den weiten Panoramablick über die gesamte Lindauer Bucht und den See zu genießen und dem grimmig dreinschauenden, wachsamen bayerischen Wappentier auf Augenhöhe zu begegnen.

■ Leuchtturm, Westmole der Hafeneinfahrt, geöffnet nach Wetterlage, April–Okt. 10–max. 21 Uhr, 2,10 €, Kinder 0,80 €

2 Altes Rathaus

| Rathaus |

16 *Bekannt für seine farbenfroh bemalte Fassade*

Das Alte Rathaus wurde ab 1422 im gotischen Stil erbaut. 1496 hielt Kaiser Maximilian I. seinen Reichstag im Rittersaal ab. Bilderfriese, eine historische Sonnenuhr und der überdachte Verkünder-Erker mit der bildlichen Darstellung der Zehn Gebote am Treppenaufgang ziehen die Blicke der Touristen auf sich. Hier liegt auch der Eingang zur »Ehemals Reichsstädtischen Bibliothek« (ERB), in deren Schatzkammer jahrhundertealtes Wissen zur europäischen Geistes- und Kulturgeschichte besichtigt werden kann. Vor dem Alten Rathaus wurden die Lindauer Bürger einst öffentlich über Neuerungen der Stadtbeschlüsse informiert. 1655 fand das erste Lindauer Kinderfest statt, das bis in die heutige Zeit Tradition hat. Das Alte Rathaus wird noch immer für Stadtrats- und Ausschusssitzungen sowie zu Repräsentationsanlässen genutzt.

■ ERB, Reichspl. (EG Altes Rathaus), Tel. 08382/27474 00,27. April–16. Okt. Mi–So 14–18 Uhr, Eintritt frei

Nicht nur bei schönem Wetter lädt die Fußgängerzone zum Flanieren ein

3 Stadttheater

| Theater |

Das Lindauer Stadttheater, einst Klosterkirche (13. Jh.), ist das größte Theater am Bodensee und eine bedeutende Bühne für Schauspiel und Konzert. Auf dem Spielplan der dort seit 2000 im ehemaligen Konzertsaal fest installierten Lindauer Marionettenoper stehen auch Singspiele wie »Im weißen Rössl«, »Schwanensee« und »Die Zauberflöte«.

■ Lindauer Marionettenoper, Fischergasse 37, Tel. 083 82/911 39 15, Spielplan unter www.marionettenoper.de, 32 €, Kinder (Mindestalter 5 J., bis 12 J.) 20 €

4 Haus zum Cavazzen

| Barockgebäude |

Es zählt zu den schönsten barocken Bürgerhäusern am Bodensee – das »Haus zum Cavazzen« am Lindauer Marktplatz. Es wurde vom Appenzeller Baumeister Jakob Grubenmann (1729) erbaut. Geschmückt wird es von opulenter Fassadenmalerei mit für den Barockstil typisch figürlicher Tiefenwirkung. Auffallend und einzigartig ist das gigantische Walmdach. Im »Cavazzen« stellt das Lindauer Stadtmuseum moderne Kunst und Exponate der Lindauer Stadtgeschichte aus – Möbel aus der Spätgotik und dem Jugendstil, historische Waffen, Gemälde, Plastiken (15.–19. Jh.) und mechanische Musikinstrumente. Das Museum ist für eine umfassende Sanierung und Neukonzeption für längere Zeit geschlossen.

■ Marktpl. 6, www.kultur-lindau.de

5 St. Marien

| Kirche |

Das Geläut der barocken katholischen Stadtpfarrkirche, das Münster Unserer Lieben Frau, erschallt weit über die Insel hinaus. Man hält unwillkürlich inne, wenn der Klang der unterschiedlichen Glocken in einen einzigen gewaltigen Ton mündet. Die Ursprünge von St. Marien reichen bis in das Jahr 810 zurück. 1752 wurde die heutige Kirche vom Barockarchitekten Johann Caspar Bagnato errichtet, der sie ebenso prunkvoll wie das Deutschordenschloss auf der Insel Mainau ausstattete.

■ Fischergasse 12, tagsüber geöffnet

6 St. Stephan

| Kirche |

Die evangelische Rokokokirche St. Stephan (1180) ist ein Ort der Ruhe im Gewusel der Lindauer Geschäftigkeit. Durch die Chorfenster mit biblischen Motiven fällt mildes Licht und durchflutet den schlichten Innenraum. Die Kirchenbänke sind mit umklappbaren Rückenlehnen ausgestattet, um bequem zum Altar oder zur Kanzel in der Mitte schauen zu können.

■ Marktpl. 8, tagsüber geöffnet, www.lindau-evangelisch.de

7 Maximilianstraße

| Flaniermeile |

Die Maximilianstraße ist Lindaus entzückend verführerische Flanier- und Einkaufsmeile. Über holprigem Kopfsteinpflaster geht's vorbei an Patrizierhäusern, einladenden Cafés und Restaurants zum Alten Rathaus.

8 Peterskirche

| Kirche |

Als besonderer Kunstschatz in Lindaus ältester Kirche gelten die Fresken der »Lindauer Passion«: Szenen aus der Passion Christi, des Heiligen Petrus und des Heiligen Christophorus, die Hans Holbein d. Ä. zugeschrieben werden.

■ Oberer Schrannenpl., tagsüber geöffnet

Plan S. 119

Parken

Auf der Insel sowie auf Teilen des Festlands ist das Parken gebührenpflichtig und zeitlich begrenzt. Unlimitiert parken kann man auf Großparkplätzen außerhalb der Altstadt. Übersicht der Lindauer Parkplätze unter www.lindau.de Suchwort »Parken«.

Restaurants

€€–€€€ | **Engel – Bier & Weinstube** Weißwurst, Kartoffelsalat und Nürnberger Rostbratwürstl, Obazda, Kässpatzen und Schweinebraten – dazu urbayerisches Bier und Weine vom Bodensee. ■ Schafgasse 4, Tel. 083 82/52 40, www.engel-lindau.de, Plan S. 119 b2

€€€ | **Valentin fine dining** Das Gewölberestaurant steht für gehobene Gourmetküche aus ökologischer Landwirtschaft sowie für internationale und vegetarische Speisen. ■ In der Grub 28a, Tel. 083 82/983 98 49, www.valentin-lindau.de, Di–Sa 17.30–21.30 Uhr, Plan S. 119 c2

Cafés

Buchcafé Augustin In dieser Buchhandlung schmökert man gemütlich bei Kaffee und Kuchen in den Büchern. Eine Hintertür der winkligen Räume führt in eine charmante Gartenoase mit nur einem Tisch. Glücklich, wer diesen erhaschen kann. ■ Fischergasse 33, Tel. 083 82/899 83 90, tgl. 10–23 Uhr, Plan S. 119 d2

Ein besonderer Schatz sind die Fresken in der Peterskirche

Einkaufen

In den liebevoll gestalteten Geschäften teils jahrhundertealter Gebäude in der Maximilianstraße und in den Seitengassen locken neben kulinarischen Spezereien Souvenirs, Antiquitäten, individuelle Mode und Schmuck zum Shoppen. Auf dem Wochenmarkt werden knackiges Obst und Gemüse angeboten. Ein besonderes Einkaufserlebnis ist der Lindauer Jahrmarkt, der seit 1652 im November stattfindet.

Kneipen, Bars und Clubs

Mojito-Bar Latino-Rhythmen und dabei leckere Cocktails genießen. ■ In der Grub 32, Tel. 0171/315 23 26, So–Di, Do 21–2, Fr, Sa bis 3 Uhr, Plan S. 119 c2

ADAC Wussten Sie schon?

In geologisch naher Zukunft, in etwa rund 20 000 Jahren, wird Experten zufolge der in der Eiszeit entstandene Bodensee verlanden, weil der Rhein jährlich drei Millionen Kubikmeter Geröll in den See speist und die Zuflüsse ebenfalls ständig reichlich Sediment einlagern.

Kinder

In der **Lindauer Marionettenoper** (S. 118) lassen sich Kinder mit »Hänsel und Gretel« und »Der Riese Tunichtgut« von der Puppenspielkunst verzaubern. Zum **Lindauer Kinderfest**, das traditionell am letzten Mittwoch vor den bayerischen Sommerferien stattfindet, sind alle Kinder Lindaus auf den Beinen und feiern mit Umzügen und Spielen.

Events

Die im Juni stattfindende **Langstrecken-Nacht-Regatta** »Rund Um« der renommierten »Lindauer Seglertage« ist mit rund 400 Segeljachten Deutschlands größter Massenstart. Der Turn um den Bodensee beginnt Punkt 19.30 Uhr. ■ Infos für alle, die mitsegeln wollen, unter www.lsc.de

Erlebnisse

Auf ihrer **Stadtführung** durch das nächtliche Lindau erzählt die Nachtwächterin Ursula – in mittelalterlichem Outfit – spannende Geschichten und Anekdoten. ■ Treffpunkt nach Anmeldung, Tel. 08382/2735630, nachtwaechter-lindau.de/aktuelles, 14 €, Kinder (Teilnahme ab 12 J.) 12 €, Plan S. 119 b3

Übernachten

Das nördliche Bodenseeufer bietet unzählige Unterkünfte, die in Toplagen zum See aber ihren Preis haben. Weiter im Hinterland übernachtet man im Hotel etwas günstiger. Auch Ferienwohnungen und Privatzimmer sind aufgrund der hohen Nachfrage eher hochpreisig. Viele Unterkünfte bieten bei längerem Aufenthalt Spezialarrangements an.

Stockach 90

€€ | Hotel Fortuna Komfortable und gemütlich eingerichtete Gästezimmer. ■ Bahnhofstr. 8, Tel. 07771/918480, www.fortuna-stockach.com

Bodman-Ludwigshafen 90

€€ | Seehotel Adler Wellnesshotel in Ludwigshafen, Treffpunkt von Oldtimerclubs. ■ Hafenstr. 4, Tel. 07773/93390, www.seehotel-adler.de

€€ | Sommerhaus Garni am See Idyllisches Hotel in Bodman, Seezugang. ■ Kaiserpfalzstr. 67, Tel. 07773/7682, www.hotel-sommerhaus.de

Sipplingen 91

€€€ | Lupinenhotel Bodensee Liebevoll eingerichtete Zimmer, am Ortsrand mit schöner Seeterrasse. ■ Prielstr. 4, Tel. 07551/61227, www.lupinenhotel.de

Überlingen a. Bodensee....... 92

€€–€€€ | Hotel Seegarten Nahe Schiffsanleger. ■ Seepromenade 7, Tel. 07551/91889-19, www.seegarten-ueberlingen.com

€€–€€€ | Strandhotel Seehof Kneippkurbetrieb, eigener Seezugang. ■ Strandweg 6, Tel. 07551/947980, www.seehof-bodensee.de

€€–€€€ | Romantik Hotel Johanniter-Kreuz Heimelige Zimmer und kleiner Spa in Andelshofen. ■ Johanniterweg 11, Tel. 07551/937060, www.johanniter-kreuz.de

€€€ | Parkhotel St. Leonhard Komfortable Zimmer, Sauna und Spa in Parkanlage. ■ Obere St.-Leonhard-Str. 71, Tel. 07551/808100, www.parkhotel-st-leonhard.de

Uhldingen-Mühlhofen 94

€€ | Seehof Moderne Zimmer in historischem Gebäude, nahe dem Schiffsanleger, mit Seeterrasse. ■ Seefelder Str. 8, Tel. 07556/92930, www.hotel-seehof.com

€€€ | Seevilla Gepflegtes Boutiquehotel in bester Lage, direkt bei den Pfahlbauten. ■ Seefelder Str. 36, Tel. 07556/93370, www.seevilla.de

Meersburg 97

€€ | 3 Stuben Stilvolles Hotel-Restaurant im Fachwerkhaus aus dem 16. Jh. ■ Kirchstr. 7/Winzergasse 1, Tel. 07532/80090, www.3stuben.de

€€ | Hotel Bären Historischer Gasthof (1250) mit gemütlichem Restaurant und heimeligen Zimmern in der Altstadt. ■ Marktpl. 11, Tel. 07532/43220, www.baeren-meersburg.de

Hagnau 99

€€ | Unterkünfte bei Winzern Inmitten von Weinbergen, viele mit Seeblick. ■ Winzerverein Hagnau e.G, Strandbadstr. 7, Tel. 075 32/10 30, Unterkünfte: www.hagnauer.de/urlaub-beim-winzer

€€–€€€ | Gasthaus Seeblick Kleine Wohlfühloase mit Zimmern und Appartments, Bootssteg mit Strandkorb, Sonnenterrasse. ■ Seestr. 11, Tel. 075 32/62 82, www.seeblick-hagnau.de

Friedrichshafen 100

€–€€€ | Hotel Maier Gemütliches familiengeführtes Hotel mit Restaurant in Seenähe. ■ Poststr. 1–3, Tel. 075 41/40 40, www.hotel-maier.de

€€ | Cap Rotach Das integrative Resort mit Alpenblick umfasst eine Pension, ein Hotel und einen Campingplatz. Die einfachen Pensionszimmer teilen ein Gemeinschaftsbad, die Hotelzimmer sind gehoben mit Bad ausgestattet. ■ Lindauer Str. 2, Tel. 075 41/70 07 77 77, www.cap-rotach.de

€€–€€€ | SEEhotel Friedrichshafen Beste Lage direkt an der Uferpromenade und nahe dem Stadtzentrum. Zimmer in modernem Design mit schönem Seeblick. ■ Bahnhofpl. 2, Tel. 075 41/30 30, www.seehotelfn.de

Langenargen 112

€€–€€€ | Hotel Engel Moderne Komfortzimmer, Sonnenterrasse und Privatstrand. ■ Marktpl. 3, Tel. 075 43/934 40, www.engel-bodensee.de

€€–€€€ | Hotel Schwedi Direkt am See mit Schwimmbad, eigene Liegewiese, Fischspezialitäten im Restaurant. ■ Schwedi 1, Tel. 075 43/93 49 50, www.hotel-schwedi.de

Kressbronn 114

€€€ | Bodensee-Hotel Sonnenhof Wohn- und Parkanlage auf Anhöhe, Spa- und Wellnessbereich mit Panoramabad. ■ Sonnenhof 8, Tel. 075 43/50 02 20, www.sonnenhof-bodensee.de

€€€ | Seehotel Kressbronn Helle Designzimmer, Liegewiese, eigener Seezugang. ■ Seestr. 50, Tel. 075 43/933 63 00, www.seehotel-kressbronn.de

Wasserburg 115

€€€ | Schloss Hotel Wasserburg Zimmer luxuriös, großer Schlossgarten, Seeterrasse, Liegewiese, eigener Badestrand. ■ Halbinselstr. 78, Tel. 083 82/273 33 00, www.schloss-hotel-wasserburg.de

Lindau 116

€–€€ | Weingut Deufel Gemütliche Ferienwohnungen auf dem Weingut. ■ Schachener Str. 213, Tel. 083 82/934 40, www.theresadeufel.de

€–€€€ | das mietwerk – Boutique Hostel Lindau Zimmer oder Apartments in alter Villa, ruhige Lage im Zentrum. ■ Holdereggenstr. 11, Tel. 083 82/504 11 30, www.dasmietwerk.de

€€€ | Boutiquehotel Adara Designhotel in denkmalgeschütztem Gebäude (13. Jh.) ■ Alter Schulpl. 1, Tel. 083 82/94 35 00, www.adara-lindau.de

€€€ | Hotel Bayerischer Hof Fünfsternehotel an der Hafenpromenade, individuell und großzügig gestaltete Zimmer und Suiten, Wellness-Center mit Fitnessraum und beheiztem Pool, stilvolles Restaurant mit feinsten regionalen und internationalen Spezialitäten. ■ Bahnhofpl. 2, Tel. 083 82/91 50, www.bayerischerhof-lindau.de

Bodenseeufer Österreich-Vorarlberg

Bezaubernde Natur, Bergblicke, kulinarische Genüsse, Kunst, Kultur, Architektur – das glanzvolle Vorarlberg will erkundet werden

Jährlich zieht es Musikbegeisterte aus dem In- und Ausland nach Vorarlberg zu den Bregenzer Festspielen. Anspruchsvolle und zugleich spektakuläre Inszenierungen auf der Seebühne faszinieren, ebenso Lieder und klassische Musik der renommierten Schubertiade in Hohenems und Schwarzenberg. Was liegt näher, als den Kulturtrip mit einem erholsamen Urlaub in der Region Bodensee-Vorarlberg zu verbinden, das Kunsthaus Bregenz zu besuchen, eine Schifffahrt zu unternehmen, die zauberhafte Natur, die Aussichtsberge Pfänder und Karren sowie die Gastronomie zu genießen. Die Region ist ein Paradies für Spaziergänger, Wanderer und Radfahrer. Aber auch universelle Zusammenhänge, wie sie die interaktive Erlebnisausstellung inatura in Dornbirn zeigt oder die Erinnerung an das Ende der jüdischen Gemeinde in Hohenems durch den Holocaust der Nationalsozialisten, werden im Jüdischen Museum Hohenems wachgehalten.

In diesem Kapitel:

23 Bregenz 126
24 Dornbirn 131
25 Hohenems 132
26 Feldkirch 134
Übernachten 135

ADAC Top Tipps:

6 Bregenzer Festspiele
| Kulturfestival |
Die weltweit einzigartigen Opernaufführungen auf der Seebühne sind ein Highlight. 128

7 Pfänder, Bregenz
| Aussichtsberg |
Mit der Pfänderbahn auf den beliebtesten Ausflugsberg der Bodenseeregion fahren. 130

ADAC Empfehlungen:

17 Kunsthaus Bregenz
| Kunstausstellungen |
Zeitgenössische europäische Kunst im Lichtspiel des Bodenseehimmels betrachten. 127

18 Gebhardsberg, Bregenz
| Burgruine |
Traumhafter Panoramablick auf Rheintal, Liechtensteiner und Schweizer Berge. 129

6

26

26

7

23 Bregenz

Kunst und Kultur zwischen Bodensee und Bergwelt

Blick über die Stadt auf die Bregenzer Bucht und das Umland

Information

- Tourist-Information, Bregenz Tourismus und Stadtmarketing GmbH, Rathausstr. 35 a, A-6900 Bregenz, Tel. 00 43/55 74/ 495 90, www.visitbregenz.com
- Parken siehe S. 130

Das besondere Flair der Vorarlberger Landeshauptstadt Bregenz mit ihren 28 000 Einwohnern in bevorzugter Seelage ist eine gelungene Komposition aus geschäftiger Urbanität, gepaart mit einem hohen Maß an Qualität für Kunst, Kultur und Architektur. Ob bei den Bregenzer Festspielen, beim Radeln, Wandern, Badevergnügen, Schifffahren, Shoppen, in Konzerten, Museen, Galerien, auf dem Pfänder oder in den Restaurants – überall empfängt den Besucher Extraklasse in unaufgeregt freundlicher Atmosphäre. Bregenz blickt auf eine Besiedlung in der Frühbronzezeit um 1500 v. Chr. zurück. 600 v. Chr. ließ sich der Keltenstamm der Brigantier in Vorarlberg nieder, und 15 v. Chr. eroberten Römer die Region und gründeten »Brigantium« – eine Siedlung mit Tempel, Forum, Markthalle und einer Schiffsflotte für die Vorherrschaft auf dem »Lacus Brigantinus«, dem heutigen Bodensee. Ende des 13. Jh. wurde Bregenz als Stadt erweitert und ging 1451 wenige Jahre

Plan
S. 129

nach den Appenzeller Kriegen zur Hälfte an das Fürstentum Habsburg. Infolge des Endes der Herrschaft der Grafen von Montfort wurde ganz Bregenz 1523 österreichisch.

Sehenswert

1 Kunsthaus Bregenz

| Kunstausstellungen |

17 *Zeitgenössische Kunst im Lichtspiel des Bodenseehimmels*

Sowohl die Architektur selbst als auch die wechselnden Ausstellungen des Kunsthauses Bregenz genießen Weltrang. Werke so berühmter Künstler wie Jeff Koons und Roy Lichtenstein wurden hier in der Vergangenheit ausgestellt. »Das Kunsthaus steht im Licht des Bodensees. Sein Körper ist aus Glasplatten, Stahl und einer Steinmasse aus gegossenem Beton gebaut, die im Innern des Hauses Struktur und Raum bildet. Von außen betrachtet wirkt das Gebäude wie ein Leuchtkörper. Es nimmt das wechselnde Licht des Himmels und das Dunstlicht des Sees in sich auf, strahlt Licht und Farbe zurück und lässt, je nach Blickwinkel, Tageszeit und Witterung, etwas von seinem Innenleben erahnen«, so beschreibt der Schweizer Architekt Peter Zumthor seinen Entwurf des Gebäudes, der eigentlich nur »ein schlichter Behälter für Kunst werden sollte«.

■ Karl-Tizian-Pl., Tel. 00 43/55 74/48594, www.kunsthaus-bregenz.at, Mo–So 10–18, Do 10–20 Uhr, 11 €, (20 bis 27 J.) 7 €, freier Eintritt bis 19 J.

ADAC Spartipp

Mit der **Bodensee-Vorarlberg Freizeitkarte** fährt man gratis Bus und Bahn in ganz Vorarlberg und erhält günstigere Eintrittpreise bei über 40 Ausflugszielen. Die Karte kann bei Bodensee-Vorarlberg Tourismus, Partner-Hotels und Tourismusbüros der Region gekauft werden. Preis der 1-Tages-Karte 16 €, 2-Tage-Karte 25 €, 3-Tage-Karte 32 €.
Bodensee-Vorarlberg Tourismus, Tel. 00 43/55 74/43 44 30, www.bodensee-vorarlberg.com

2 Vorarlberg Museum

| Landesmuseum |

Kunst, Kultur, Volkskunde und Archäologie Vorarlbergs werden mit rund 160 000 Ausstellungsstücken im Vorarlberg Museum präsentiert. Unter den Exponaten befindet sich auch die Sammlung von Werken der schweizerisch-österreichischen Malerin Angelika Kauffmann. Ein interessanter Ort für alle, die sich umfassend über Vorarlberg informieren möchten.

■ Kornmarktpl. 1, Tel. 00 43/55 74/460 50, www.vorarlbergmuseum.at, Di–So, Fei 10–18, Do 10–20 Uhr, 9 €, (20 bis 27 J.) 7 €, freier Eintritt bis 19 J.

3 Nepomuk- und Seekapelle

| Kapellen |

Die **Nepomukkapelle** (1757) mit Hochaltar und Malereien im Rokokostil wurde in Form einer Rotunde erbaut. Sie ist ein Barockjuwel am Kornmarktplatz. Direkt am Rathaus schließt die kleine **Seekapelle** an. Sie wurde 1445 zur Erinnerung an den Sieg über die Appenzeller erbaut und 1699 nach Plänen von Christian Thumb barockisiert. Die Seekapelle ist im Sommer ein wohltuender Ort der Stille und Kühle.

■ Nepomukkapelle, Kornmarktstraße, Seekapelle, Rathausstr. 4

4 Oberstadt

| Stadtteil |

Die mittelalterliche Oberstadt mit Martinsturm, Montfort-Brunnen und dem Alten Rathaus ist umgeben von Wehrmauern. Man wandelt auf Kopfsteinpflaster und blickt im Sommer auf Rosenranken und eine grüne Pflanzenwunderwelt. In diese verwunschene Oase einer längst vergangenen Zeit führt ein steiler Steig von der Fußgängerzone aus hinauf zum Stadttor.

5 Martinsturm und Martinskapelle

| Turm und Kapelle |

Der Martinsturm ist das Wahrzeichen der Stadt. Um 1250 war er ein Speicherbau, 1362 wurde darin die Martinskapelle errichtet, die mit prächtigen Fresken zu biblischen Geschichten geschmückt wurde. Der Besucher erhält mit den Wandbildern einen Einblick in die Glaubenswelt des Mittelalters. Zu sehen ist u.a., wie St. Martin seinen Mantel mit dem Bettler teilt.

■ Oberstadt, Martinsgasse 3b, Tel. 00 43/55 74/410 15 60, Mai–Okt. Di–So 10–18 Uhr, 4 €, Kinder (bis 15 J.) und Pilger 1,50 €

6 Pfarrkirche St. Gallus

| Kirche |

Die 1079 erstmals urkundlich erwähnte Pfarrkirche St. Gallus – vermutlich die ehemals römische »Aureliakirche« – thront am Kirchplatz im Stadtteil Dorf. Von Bränden zerstört, erhielt die Kirche 1477 einen Turm aus Sandstein und wurde vergrößert. Von 1737 bis 1740 wurde sie vom Bregenzer Baumeister Franz Anton Beer barock umgebaut. Glänzender Schatz ist der Hochaltar, der aus über 40 Silber- und Silberholzobjekten besteht, die Mitte des 17. Jh. bis 18. Jh. gesammelt und 2010 restauriert wurden.

■ Kirchpl. 3, Tel. 00 43/55 74/425 63, www.pfarre-st-gallus.at, Fr 8.30–10.30 Uhr

7 Festspielhaus und Seebühne

| Kulturfestival |

6 *Turandot, Carmen und Rigoletto als einzigartige Inszenierungen*

Die Bregenzer Festspiele sind im Juli und August mit über 60 Veranstaltungen jährlich »das« große Kulturfestival am Bodensee. Highlights sind die Musicals, Operetten und Opern, die auf der weltweit größten Seebühne vor dem Festspielhaus in der natürlichen nächtlichen Kulisse des Bodensees mit überdimensionalen Bühnenbildern, technischen Raffinessen und einzigartiger Akustik brillieren. Das Orchester der Festspiele sind traditionell die renommierten Wiener Symphoniker. 2023 wird Puccinis »Madame Butterfly« aufgeführt, ab 2024/25 Carl Maria von Webers »Der Freischütz«.

■ Ticket Center, Pl. der Wiener Symphoniker 1, Tel. 00 43/55 74/40 76, www.bregenzerfestspiele.com

8 Kloster Mehrerau

| Kloster |

Die Abtei Mehrerau wurde 1097 von Konstanzer Benediktinermönchen gegründet. Seit 1854 beten, arbeiten und leben hier die Mönche der Zisterzienserabtei Wettingen-Mehrerau in herrlichster Lage am Bodensee. Im Rahmen von Führungen sind die Barockbibliothek (nicht die »große Bibliothek« mit ihren 120 000 Bänden) die Klostergruft, der Tafelsaal und der Klosterkeller zu besichtigen. Im Innenhof hat der Klosterkeller Spezialitäten aus eigenem Anbau auf der Speisekarte.

■ Zisterzienserabtei Wettingen-Mehrerau, Mehrerauerstr. 66, Tel. 00 43/55 74/714 61 59, www.mehrerau.at, Klosterführungen nur für Gruppen auf Anfrage

9 Gebhardsberg

| Burgruine |

18 *Traumhafter Panoramablick auf Rheintal und Berge*

Auf dem bei Wanderern und Spaziergängern beliebten Gebhardsberg oberhalb von Bregenz befindet sich die hochmittelalterliche Ruine der ehemaligen Burg Hohenbregenz (1097). Im noch erhaltenen Saalbau wurde 1723 eine dem hl. Gebhard geweihte Wall-

Plan S. 129

fahrtskapelle errichtet. Im Burgrestaurant Gebhardsberg blickt man bei Kaffee und Kuchen oder feinen Speisen über die Bregenzer Bucht.

■ www.greber.cc

10 Pfänder

| Aussichtsberg |

7 *Auf den beliebten Berg führen eine Seilbahn und viele Wanderwege*

Lieblingsberg nicht nur der Bregenzer ist der 1064 Meter hohe Pfänder. Man erreicht ihn in sechs Minuten mit der Seilbahn oder auf schönen Wanderwegen. Oben genießt man eine herrliche Sicht über den Bodensee, bei klarem Wetter bis Konstanz. Gasthäuser, der ganzjährig geöffnete Alpenwildpark, ein Abenteuerspielplatz und viele Wintersportmöglichkeiten machen den Pfänder zum beliebten Ausflugsziel.

■ Abfahrt Steinbruchgasse 4, A-6900 Bregenz, Tel. 00 43/55 74/42 16 00, www.pfaenderbahn.at, tgl. 8–19 Uhr, Berg- und Talfahrt Sommer 14,20 €, Jugendl. (16–19 J.) 12,10 €, Kinder (6–15 J.) 7,10 €

Parken

Ein Leitsystem mit elektronischen Hinweistafeln an rund 30 Standorten leitet zu einem der rund 2650 gebührenpflichtigen Parkplätze unterschiedlicher Preisklassen.

Restaurants

€€ | **Il Monello** Pizza und Pasta schmackhaft und frisch zubereitet. ■ Anton-Schneider-Str. 3, Tel. 00 43/55 74/526 56, www.il-monello.at, Plan S. 129 c1

€€€ | **Kornmesser** Im Barockbau von 1720 werden klassische Speisen serviert. ■ Kornmarktstr. 5, Tel. 00 43/55 74/548 54, www.kornmesser.at, Plan S. 129 c1

€€€ | **Casino Restaurant Falstaff** Internationale Küche. Zutritt ab 18 J. in eleganter Garderobe mit Ausweis. ■ Platz der Wiener Symphoniker 3, Tel. 00 43/55 74/451 27, 125 00, www.falstaffbregenz.at, tgl. 18–24 Uhr, Plan S. 129 a1

Cafés

KUB Café Bar Moderne urbane Küche und stylishes Barkonzept neben dem Kunsthaus Bregenz. ■ Karl-Tizian-Pl. 1, Tel. 00 43/55 74/443 46, Mo 8–20, Di–Sa bis 24, So 10–20 Uhr, Plan S. 129 c1

Einkaufen

Bregenz ist bekannt für seine Mode- und Schmuckboutiquen entlang der **Kaiserstraße**. Zudem locken viele Geschäfte in den Nebenstraßen mit attraktiven Waren, die mit viel Service angeboten werden. ■ Plan S. 129 b2

Kneipen, Bars und Clubs

Wirtshaus am See In den Bregenzer Seeanlagen direkt neben der Seebühne vom Lokal und der Beachbar aus Postkartenblicke auf den See genießen. ■ Seepromenade 2, Tel. 00 43/55 74/422 10, www.wirtshausamsee.at, Plan S. 129 b1

Events

Nach den Festspielen Ende August findet in Bregenz das dreitägige **Hafenfest** statt – mit kulinarischen Verlockungen, Musik, Budenzauber unter freiem Himmel und Feuerwerk am Samstag.

Erlebnisse

In der Harder Bucht liegen die **Hohentwiel** – ein glanzvoller, historischer

Liebhaber alter »RR«-Luxusautomobile kommen hier ins Schwärmen

Schaufelraddampfer, und seit 2019 das historische Motorschiff »Österreich«, Baujahr 1928. Beide Schiffe werden für Sonderfahrten eingesetzt. ■ Hohentwiel Schifffahrtsgesellschaft, Hafenstr. 15, A-6971 Hard, Tel. 00 43/5574/635 60, virtuelle Rundgänge unter www.hs-bodensee.eu

24 Dornbirn

Rolls-Royce-Prachtkarossen und ein Museum zum Anfassen

Information

■ Dornbirn Tourismus & Stadtmarketing GmbH, Rathauspl. 1a, A-6850 Dornbirn, Tel. 00 43/55 72/221 88, www.dornbirn.info

Die ehemalige Textil- und heute bedeutende Messestadt Dornbirn, die als Siedlung im Alemannischen (550–650) gründet und 1901 von Kaiser Franz Joseph I. den Stadtstatus erhielt, kennzeichnet eine bunte Mischung aus Naturerlebnis, Tradition und Innovation. Das »Rote Haus«, Jugendstilgebäude und Fabrikantenvillen, die Pfarrkirche St. Martin und der Marktplatz prägen das facettenreiche Altstadtbild.

Sehenswert

inatura

| Naturmuseum |

Die inatura ist eine innovative Erlebnisausstellung zum Anfassen. Faszinierend sind die simulierten Reisen zu anderen Planeten und zu urzeitlichen Meerestieren. In »Science Zones« wird ein Solarflugzeug mit Licht gestartet oder der Weg des Stroms aus der Steckdose erklärt.

■ Jahngasse 9, Tel. 00 43/55 72/23 23 50, www.inatura.at, tgl. 10–18 Uhr, 11,50 €, Kinder (6–15 J.) 5,70 €, Hunde nicht erlaubt

Rolls-Royce Museen

| Automuseum |

Die Prachtkarossen von Queen Mum, King Edward VIII. und King George V. sind nur drei der rund 80 erlesenen Exponate, die im weltgrößten Rolls-Royce Museumskomplex zu bewundern sind. Die Geschichten aller »RRs« werden in Museumsführungen ausführlich erzählt.

■ Gütle 10, Tel. 00 43/55 72/526 52, www.rolls-royce-museum.at, März–Nov. Di–So, Fei 10–18 Uhr, 6 €, Kinder (6–14 J.) 3 € Gütle 11a, Tel. 00 43/5572/38 66 93, www.rolls-royce-automobilmuseum.at, ganzj. tgl. 10–17 Uhr, 11,50 €, Kinder (6–14 J.) 5 €

Karren

| Aussichtsberg |

Auch Dornbirn hat einen attraktiven Hausberg – den Karren. Zu Fuß oder in einer Gondel geht's in unter 5 Minuten 976 Meter hinauf, um von hier einen fantastischen Blick zu genießen. Eine Stärkung im Panoramarestaurant sollte man sich nicht entgehen lassen.

■ Dornbirner Seilbahn AG, Gütlestr. 6, Tel. 00 43/5572/221 40, www.karren.at, Berg- und Talfahrt, Mitte März–Mitte Nov., Mo–Sa 9–23, So bis 21 Uhr, alle 15 Min., 14,20 €, Kinder 7,10 €, Winter 13,20 €, Kinder 6,60 €

Rappenlochschlucht

| Naturschauspiel |

Die Rappenlochschlucht zählt zu den größten Schluchten Mitteleuropas – in Jahrhunderten von der Dornbirner Ach in den Kalkstein gegraben. Hier lässt sich eine schöne Klammwanderung unternehmen. Die Schlucht beginnt beim Areal der ehemaligen Spinnerei »Gütle«. Mit Geländern gesicherte Holzstege führen vorbei an bizarren Felsformationen und lassen in tiefe Abgründe blicken. Die Dokumentation unter www.argen-blicke.de (siehe »Alles fließt!«) ist empfehlenswert.

■ Gütlestr., Tel. 00 43/55 72/221 88, www.rappenloch.at, Juli–Mitte Sept. Führungen, Do 10.30 Uhr, 10 €, Karten Tourist-Info

Restaurants

€–€€€ | Rotes Haus Restaurant und Café im Holzhaus von 1639 mit täglich frischen Eiskreationen. ■ Marktpl. 13, Tel. 00 43/5572/315 55, www.roteshaus.at, Di–So 11.30–14.30, 17.30–24 Uhr

25 Hohenems

Jüdisches Viertel und Schubertklänge in der malerischen Stadt im Rheintal

Information

■ Tourismus & Stadtmarketing Hohenems, Marktstr. 2, A-6845 Hohenems, Tel. 00 43/55 76/427 80, wwww.hohenems.travel

Hohenems ist berühmt wegen der im 18. Jh. in der Palastbibliothek entdeckten Handschriften des Nibelungenliedes, seiner vorbildlichen Erinnerungskultur an die Jüdische Gemeinde und der von Herman Prey 1976 ins Leben gerufenen »Schubertiade«, die jährlich zu Ehren des österreichischen Komponisten Franz Schubert stattfindet.

Sehenswert

Jüdisches Museum

| Museum |

Das Jüdische Museum Hohenems in der Villa Heimann-Rosenthal erinnert an die Geschichte und das Zusammenleben von Juden und Christen in Hohenems. Dabei steht vor allem der Umgang mit der jahrhundertealten jüdischen Gemeinde bis zu ihrer Vernichtung in der NS-Zeit im Fokus.

■ Schweizer Str. 5, Tel. 00 43/5576/739 89-0, www.jm-hohenems.at, Di–So, Fei 10–17 Uhr, 8 €, Kinder/Jugendl. (bis 19 J.) Eintritt frei

Das Jüdische Viertel

| Stadtbild |

Der Baubestand des ehemaligen Jüdischen Viertels in Hohenems prägt den historischen Kern der Stadt in der Marktstraße, Harrachgasse und Schweizer Straße. Erhalten sind u.a. Wohnhäuser der jüdischen Familien, die Synagoge, das Schulhaus sowie das Armen- und Altenhaus.

Palast Hohenems

| Renaissancebau |

Das rechteckige Renaissancepalais (1563) war einst Sitz der Emser Grafen. Bedeutende Handschriften des Nibelungenliedes wurden im 18. Jh. in der Bibliothek des Palais gefunden. Heute residiert hier die Familie Waldburg-Zeil-Lustenau-Hohenems, die den Westflügel des Palais in eine Eventlocation mit Gastrotempel verwandelt hat. ■ Schlosspl. 8, Tel. 00 43/55 76/427 80, www.palast-hohenems.at, Palastführung, Mi, 15 Uhr, 17 €, Anmeldung bis Vortag 12 Uhr

Restaurants

€€€ | »Im Palast« Tafeln wie einst die Ritter vor 450 Jahren und in der Sommersaison täglich BBQ im Garten. ■ Schlosspl. 8, Tel. 00 43/55 76/778 88, www.palast-gastronomie.at, Mi–Sa 17–24, So, Fei 11–23 Uhr

Events

Schubertiade Im Markus-Sittikus-Saal in Hohenems und im Angelika-Kauffmann-Saal in Schwarzenberg finden jährlich im August, September und Oktober die Konzerte der Schubertiade statt. Ein Festival mit Lieder-, Klavierabenden und Kammerkonzerten der Werke Franz Schuberts in Starbesetzung. Zur Spielzeit haben sechs Museen der Schubertiade geöffnet und geben tiefe Einblicke in das Leben und Werk des Komponisten. ■ Schubertiade GmbH – Villa Rosenthal, Schweizer Str. 1, Tel. 00 43/55 76/720 91, www.schubertiade.at

Die wildromantische Rappenlochschlucht mit spektakulären Wanderwegen

Auf der Schattenburg blickt man in die Lebenswelt früherer Jahrhunderte

26 Feldkirch

Hohe Türme, enge Gassen – Mittelalterambiente in der Montfort-Stadt

Information

■ Tourismusbüro Feldkirch, Herrengasse 10–12, A-6800 Feldkirch, Tel. 00 43/55 22/90 09, www.feldkirch.travel

Feldkirch wurde erstmals 1218 als Stadt erwähnt. Aus dieser Zeit stammt auch die vom Stadtgründer Graf Hugo I. von Montfort erbaute Schattenburg. Im historischen Zentrum unterhalb der Burg findet jährlich Anfang Juni das dreitägige Montfortspektakel mit Markt, Kunsthandwerk und Musik in den malerischen Gassen statt.

Sehenswert

Schattenburg und Schattenburg-Museum

| Burg und Museum |

Die Schattenburg ist das Wahrzeichen der Stadt und außerdem das wohl beliebteste Ausflugsziel für Familien und Kinder. Die Burg bot den Grafen Montfort Sicherheit für Stadt und Verkehr. Später ging die Anlage in den Besitz der Habsburger über, bis sie 1825 von der Stadt Feldkirch übernommen wurde. Die mittelalterliche Burg ist komplett erhalten, auch Bergfried und Mauern stammen aus dem 13. Jh. In den Obergeschossen des Anwesens vermittelt das Schattenburg-Museum in 18 Räumen eine Vorstellung von der Wohnwelt im Laufe der Jahrhunderte.

■ Burggasse 1, Tel. 00 43/55 22/304-35 10, www.schattenburg.at, April–Okt. tgl. 10–17 Uhr, 8 €, Kinder (6–11 J.) 4 €, Jugendl. (12–17 J.) 6 €

Wildpark Feldkirch

| Wildpark |

Der weitläufige Wildpark um den Feldkircher Hausberg »Ardetzenberg« ist Heimat für Rot- und Damwild, Steinbock, Murmeltier, Gämse, Uhu und Steinadler. Luchs, Wildkatze und Wolf leben in Gehegen. Wer die Ziegen verwöhnen möchte, kann spezielles Futter für sie an Futterautomaten kaufen.

■ Ardetzenweg 20, Tel. 00 43/55 22/741 05-10, www.wildpark-feldkirch.at, ganzj. rund um die Uhr geöffnet, Eintritt frei

Restaurants

€€–€€€ | Schattenburg Schlosswirtschaft Das Riesenschnitzel ist legendär.

■ Burggasse 1, Tel. 00 43/55 22/724 44, www.schattenburg.cc

Übernachten

Die Übernachtungspreise liegen zur Zeit der Bregenzer Festspiele von Juli bis August (www.bregenzerfestspiele.com) deutlich höher, und die Unterkünfte sind in der Regel schon früh ausgebucht. In der Umgebung lassen sich aber häufig noch Zimmer finden.

Bregenz 126

€€ | Germania Gut ausgestattete Zimmer in Laufweite zur Innenstadt. ■ Am Steinenbach 9, Tel. 00 43/55 74/42 76 60, www.hotel-germania.at

€€ | Messmer Hotel am Kornmarkt Modern und komfortabel eingerichtete Zimmer, mitten in Bregenz. ■ Kornmarktstr. 16, Tel. 00 43/55 74/423 56, www.hotel-messmer.at

€€ | Pension Sonne Gemütliche B&B-Pension in der Fußgängerzone. ■ Kaiserstr. 8, Tel. 00 43/55 74/425 72, www.pensionsonne.at

€€ | Schönblick Komfortables Hotel nahe Pfänder mit herrlichem Seeblick. ■ Dorf 6, A-6911 Eichenberg, Tel. 00 43/5574/459 65, www.schoenblick.at

€€–€€€ | Hotel Schwärzler Viel Komfort und die ruhige Lage sorgen für gute Erholung. ■ Landstr. 9, Tel. 00 43/5574/49 90, www.schwaerzler.s-hotels.com

Dornbirn 131

€€ | Vienna House Martinspark Helle, moderne Zimmer in einem Hotel mit außergewöhnlicher Architektur, mitten im Stadtzentrum gelegen. ■ Mozartstr. 2, Tel. 00 43/55 72/37 60, www.viennahouse.com

€€–€€€ | Katharinenhof Moderne Zimmer in zentraler Lage. ■ Franz-Michael-Felder-Str. 2–4, Tel. 00 43/55 72/225 77, www.hotel-katharinenhof.at

€€–€€€ | Sonne_1806 – Hotel am Campus Freizeithotel nahe Messezentrum. ■ Sägerstr 8, Tel. 00 43/5572/222 12, www.sonne1806.at

€€–€€€ | Hirschen Dornbirn Boutiquestyle, super Frühstück, Hotelgarage. ■ Haselstauderstr. 31, Tel. 00 43/5572/263 63, www.hotel-hirschen-dornbirn.at

€€–€€€ | Hotel Krone Familiengeführtes Traditionshotel seit 1816 mit eigenem Restaurant. ■ Hatlerstr. 2, Tel. 00 43/5572/227 20, www.kronehotel.at

€€€ | Fairmotel Zertifizierter Ökoprofit-Betrieb, barrierefreie Zimmer vorhanden, moderne Ausstattung, hoteleigene Garagenstellplätze. ■ Wallenmahd 15, Tel. 00 43/5572/39 85 00, www.fairmotel.at

Hohenems 132

€–€€ | Gasthof Landhaus Schiffle Geräumige Zimmer im Landhausstil. ■ Radetzkystr. 38, Tel. 00 43/55 76/724 32, www.hotel-schiffle.at

Feldkirch 134

€ | Hotel Garni Bären Patrizierhaus aus dem 14. Jh. mit gemütlichen Räumen, zentrumsnah. ■ Bahnhofstr. 1, Tel. 00 43/55 22/355 00, www.hotel-baeren.at

€€ | Hotel-Gasthof Löwen Familiengeführter Gasthof, zeitlos elegante Zimmer. ■ Kohlgasse 1, Tel. 00 43/55 22/35 83, www.hotel-loewen.at

Fürstentum Liechtenstein

Die Wohlfühlmonarchie lockt mit fantastischer Gebirgswelt, reizvollen Dörfern, lebendiger Kultur und hervorragender Gastronomie

Als Urlaubsziel hat Liechtenstein viel zu bieten: Kunst und Kultur, herrliche Wanderrouten und schneesichere Skigebiete. Es ist eine fürstlich-feudale und doch supermoderne Erlebniswelt mit gastfreundlichen Menschen, die den Bodenseereisenden in diesem kleinen – nur 24,6 km langen und 12,4 km breiten – Land erwartet.

In diesem Kapitel:

27 **Vaduz** 138
28 **Triesenberg** 140
29 **Malbun** 140
30 **Balzers** 141
Übernachten 143

ADAC Empfehlungen:

19 **Schloss Vaduz**
| Fürstenresidenz |
Der Wohnsitz der fürstlichen Familie und das Wahrzeichen Liechtensteins. 138

20 **Schatzkammer Liechtenstein, Vaduz**
| Landesmuseum |
Die Sammlung an Schätzen reicht von der Erde bis zum Mond. 138

21 **Burg Gutenberg, Balzers**
| Burg |
Das hochmittelalterliche Juwel steht im Süden Liechtensteins. 142

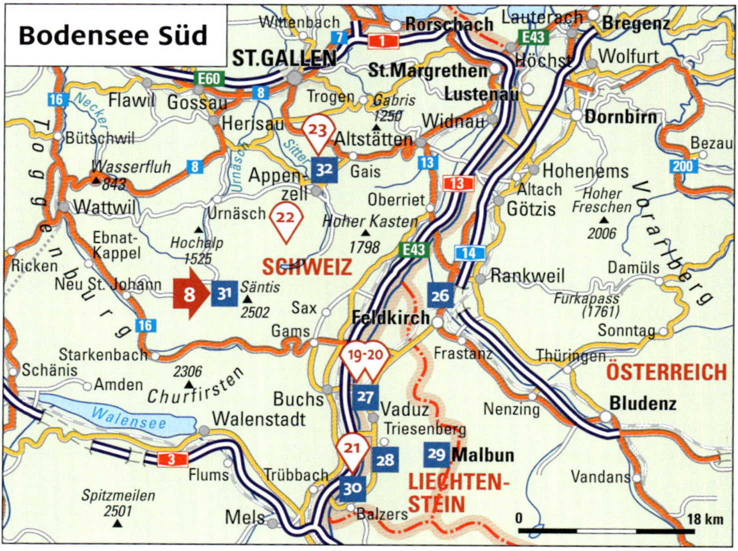

19

28

29

29

Kostbarkeiten in der Schatzkammer der Fürsten von Liechtenstein

27 Vaduz

Residenz der Fürsten von Liechtenstein und international geschäftiger Hauptort

Information

■ Tourist Office, Liechtenstein Center, Städtle 39, FL-9490 Vaduz, Tel. 004 23/239 63 63, www.tourismus.li

Das 5000 Einwohner zählende Städtle Vaduz, erstmals ab 1175 als »de Faduzes« erwähnt, ist sowohl Sitz der Staatsregierung als auch des Erzbistums Vaduz. Auch die Fürstenfamilie hat hier ihre Residenz. Vaduz ist bekannt als internationaler Finanzplatz und glänzt aufgrund des Wohlstands darüber hinaus mit historischen und modernen Meisterwerken der Architektur. Die Liechtensteiner Schatzkammer und das Landes- und Kunstmuseum Liechtenstein mit der Sammlung Hilti Art Foundation sind von Weltrang.

Sehenswert

Schloss Vaduz

| Fürstenresidenz |

19 *Wahrzeichen des Landes und fürstlicher Wohnsitz*

Das Fürstenschloss liegt hoch über Vaduz und ist das Wahrzeichen Liechtensteins. Die erste Erwähnung datiert 1322. In den Besitz des Hauses Liechtenstein ging es 1712 über, verfiel dann zunehmend und wurde von 1905 bis 1912 renoviert. Die Fürstenfamilie wohnt seit 1938 auf Schloss Vaduz. Vom Städtle aus führt ein gut ausgebauter Spazierweg bis zum Schloss, das innen nicht besichtigt werden kann.

■ Fürst-Franz-Josef-Str. 150

Schatzkammer Liechtenstein

| Landesmuseum |

20 *Apfelblütenei von Fabergé und Mondgestein*

Die Schatzkammer zeigt einmalige Objekte, die überwiegend aus fürstlichem Besitz stammen, darunter das berühmte grüngoldene »Apfelblütenei« von Peter Carl Fabergé und eine Auswahl der um 1820 bis 1830 von Johann Ludwig Bleuler gemalten »Rheinreise«. Mondgesteine der Apollo-Missionen und Liechtensteiner Fahnen, die bei der Mondlandung mit an Bord waren, sowie die erste Briefmarke Liechtensteins sind hier der Öffentlichkeit zugänglich.

■ Städtle 43, Tel. 004 23/239 68 20, www.landesmuseum.li, Mo–So, Fei 10–17 Uhr, 10 CHF, Kinder (bis 16 J.) Eintritt frei

Liechtensteinisches Landesmuseum

| Heimatmuseum |

Das Landesmuseum vermittelt interessant aufbereitete Einblicke in die wechselvolle Geschichte des Fürstentums sowie Fauna, Flora und Leben in Liechtenstein.

■ Städtle 43, Tel. 004 23/239 68 20, www.landesmuseum.li, Di–So, Fei 10–17 Uhr, 8 CHF, Kinder (bis 16 J.) Eintritt frei

Kunstmuseum Liechtenstein mit Hilti Art Foundation

| Kunstmuseum |

Das Kunstmuseum Liechtenstein zeigt internationale zeitgenössische Kunst und im Erweiterungsbau die Sammlung Hilti Art Foundation mit bedeutenden Gemälden und Plastiken u. a. von Gauguin, Lehmbruck, Boccioni, Picasso, Kirchner, Marc, Magritte, Klee, Beckmann und Giacometti. Von außen erscheint das Museum als kühler, avantgardistisch schwarzer Kubus, doch von innen erstrahlen die Ausstellungsräume über eine Glasdecke in natürlichem Tageslicht, was den Besuch dieses eleganten und durchdachten Museumskomplexes zu einem besonderen Kunstgenuss werden lässt. Im Foyer lädt das Café (sensationell die Sushi und Sashimi!) zum Verweilen ein.

■ Städtle 32, Tel. 004 23/235 03 00, www.kunstmuseum.li, Di–So 10–17, Do bis 20 Uhr, 15 CHF, Kinder (bis 16 J.) Eintritt frei

Fürstliche Hofkellerei

| Weinkellerei |

Liechtensteiner Weine sind von Qualität. Aushängeschild ist die Fürstliche Hofkellerei, herrlich gelegen in der Reblage Herawingert nördlich von Vaduz. Sie wird von Stefan Tscheppe geleitet, der sich dem Ausbau hoher Qualitäten der fürstlichen Weine verschrieben hat. Die urgemütliche kellereigene Vinothek und das Spezialitätenrestaurant »Torkel« sorgen für einen genießerischen Höhepunkt des Vaduz besuchs.

■ Feldstr. 4, Tel. 004 23/232 10 18, www.hofkellerei.li, Mo–Fr 9–19,Sa 10–17 Uhr

P Parken

Vaduz verfügt im Zentrum über kostenpflichtige Parkplätze, alle sind ab 17 Uhr gratis. Reservierung und Informationen Parkhaus Zentrum, Städtle 28 unter Tel. 004 23/237 78 49 und parkplatzsuche.li

Restaurants

€€€ | **Brasserie Burg** Hier trifft man sich zu Steinofenpizza und Salatbüfett, Sandwich, Burger und Pasta – auch vegetarisch und vegan – oder nimmt alles mit. ■ Städtle 15, Tel. 004 23/232 23 83, www.adler.li/brasserie-burg, Mo–Fr 9–22.50 Uhr

€€€ | **Torkel** Das Restaurant in der Fürstlichen Hofkellerei serviert internationale und regionale Speisen mit gehobenem Anspruch. ■ Hintergasse 9, Tel. 004 23/232 44 10, www.torkel.li, Di–Fr 11.30–15, 18.30–23, Sa 18.30–23 Uhr

Kneipen, Bars und Clubs

Zwei Bar & Lounge Stylische Bar für bunte Events im Herzen von Vaduz mit einer gemütlichen Lounge. ■ Aeulestr. 45, Tel. 00 41/79/625 36 00, www.zwei.li, Mi, So, Sa 19–1 Uhr

Events

Der Liechtensteiner Staatsfeiertag findet jährlich am 15. August mit einem Staatsakt auf der Schlosswiese und einem Volksfest im Städle statt. Höhepunkt ist ein 30-minütiges **Prachtfeuerwerk**, das über Schloss Vaduz den Himmel erleuchtet. ■ Aktuelle Informationen unter www.staatsfeiertag.li

28 Triesenberg

Die Walsergemeinde – Liechtensteins Sonnenterrasse hoch überm Rheintal

Information

■ Gemeindeverwaltung Triesenberg, Landstr. 4, FL-9497 Triesenberg, Tel. 004 23/265 50 10, www.triesenberg.li

Um 1280 wurde die höchstgelegene Gemeinde im Fürstentum von den Walsern besiedelt. Darauf ist man bis heute stolz und hält die Erinnerungen an die Walserzeit wach. Es wird noch Walserdialekt gesprochen und im Walsermuseum erfährt man, wie es damals im Dorf zuging. Ein großer Schatz Triesenbergs ist auch die intakte Natur. Der Ort gilt als Eldorado für Familienferien in den Bergen und für Genießer. Ob bodenständige Traditionsspeisen, internationale Schmankerl oder gehobene Gourmetküche – Einheimische und Gäste lassen es sich »walsergutgehen«.

Sehenswert

Walsermuseum

| Heimatmuseum |

Das Walsermuseum unweit vom Dorfzentrum südöstlich der Pfarrkirche lässt mit dem Innenraum einer alten Maiensässhütte Geschichte und Brauchtum der im 13. Jh. am Triesenberg angesiedelten Walser wieder lebendig werden. Ausgestellt sind Geräte des dörflichen Handwerks und Gegenstände der Wohnkultur. Im 400 Jahre alten Walserhaus südlich des Friedhofs wird die Wohnkultur des 19 Jh. präsentiert.

■ Schlossstr. 5, Tel. 004 23/262 19 26, www.triesenberg.li, Mo–Fr 8–12, 13.30–18, Sa 8–12 Uhr, 5 CHF, Kinder (bis 15 J.) Eintritt frei

Restaurants

€€€ | Restaurant Kainer Knackige Salate, leichte Sommergerichte, kühle Getränke und herzhaft Gegrilltes im Sommer auf der Panoramaterrasse. ■ Landstr. 10, Tel. 004 23/268 39 33, www.kainer.li, Di–Sa 10–14 u. 17.30–22, So 10–22 Uhr

29 Malbun

Idyllischer, familienfreundlicher Winterferienort und Wanderparadies

Information

■ Tourist-Info Malbun Center, Im Malbun 3, FL-9497 Triesenberg, Tel. 004 23/263 65 77

Mit Falkner Norman Vögeli eine weltweit einzigartige Adler-Wanderung erleben

Malbun liegt nur etwa 15 km von Vaduz entfernt inmitten der Liechtensteiner Alpen. Der Ort ist ein Wander- und Naturparadies, außerdem ist er in der kalten Jahreszeit bei Wintersportfreunden beliebt. Beschneiungsanlagen sorgen notfalls für Schneesicherheit auf den Skipisten, die Abfahrtmöglichkeiten von Übungshängen bis zu anspruchsvollen Strecken bieten. Im »malbi-park« erleben Kinder Schneespaß pur und lernen spielerisch, die Bretter zu beherrschen.

Erlebnisse

Ein Highlight ist die geführte **Adler-Erlebnis-Wanderung** (Dauer 90 Min.) mit Norman Vögeli von der Falknerei Galina. Mit dem Sessellift geht's hinauf auf das Sareis. Von dort darf man in den natürlichen Gefilden während eines Fußmarsches zurück ins Tal die atemberaubenden Flugkünste des gelehrigen Steinadlerweibchens »Taiga« bewundern. ■ Falknerei Galina, Im Malbun 20, Tel. 004 23/265 34 24, www.galina.li, Juni–Mitte Okt., Anmeldung erforderlich, 200 CHF für 1–2 Personen, für 3 Personen 300 CHF, jede weitere 50 CHF, in den Preisen ist das Sesselbahnticket inbegriffen.

30 Balzers

Malerisches Naturerlebnis und mittelalterliche Burgromantik

Information

■ Gemeinde Balzers, Fürstenstr. 50, FL-9496 Balzers, Tel. 004 23/38 80 50, www.balzers.li

Die Gemeinde Balzers am südlichen Zipfel des Fürstentums Liechtenstein hat alles: eine traumhafte Natur, Berge, den Rhein und eine herrliche Reblandschaft. Für Spaziergänger gibt es schönste Wanderwege, für Sportbegeisterte attraktive Biketouren und für Einheimische eine erfolgreiche Wirt-

Plan S. 136

Pittoreske Burgromantik auf der Burg Gutenberg

schaftsstruktur. Das besondere Highlight von Balzers ist die märchenhaft anmutende Burg Gutenberg. Doch so bilderbuchmäßig war es nicht immer in der Gemeinde. Seit der Besiedlung vor 7000 Jahren war die Gegend aufgrund der Grenzlage am Rhein und des Eingangs zu bedeutenden Alpenpässen immer wieder kriegerischen Auseinandersetzungen ausgesetzt.

Sehenswert

Burg Gutenberg

| Burg |

21 *Burgromantik in einer malerischen Bergkulisse*

Die rundum frei stehende Burg Gutenberg steht auf einem 70 Meter hohen Felshügel über dem Rheintal. Im 12. Jh. wurde die Burg als Kirchenbau mit Friedhof konzipiert. Im Laufe der Jahrhunderte verkam sie zur Ruine. Erst von 1905 bis 1912 wurde Burg Gutenberg wieder in einen ordentlichen Zustand versetzt. Nach vielen Jahren in Privatbesitz nahm das Land Liechtenstein 1979 die Burg unter ihre Fittiche. Der Zugang ist nur zu Fuß ab dem Gemeindezentrum und über den Burgweg möglich. Die Burgkapelle und der Rosengarten sind vom 1. Mai bis 31. Oktober sonntags von 10 bis 17 Uhr frei zugänglich. Im Sommer können die repräsentativen Innenräume an wenigen Tagen im Rahmen von kurzen Führungen nach Anmeldung besichtigt werden.

■ Burgweg 5, Infos Tel. 004 23/388 05 05, tourismus.li/lie/ort/Burg Gutenberg/

ADAC Wussten Sie schon?

»Hoi metanand« lautet der typische Gruß der Liechtensteiner, wenn sie unterwegs auf der Straße oder auf Wanderwegen auf mehr als eine Person treffen. Und wussten Sie, dass jeder fünfte künstliche Zahn und jede sechste Tiefkühlpizza aus liechtensteinischer Produktion stammen?

Übernachten

Das Übernachtungsangebot im Fürstentum ist breit gefächert und hochpreisig, besonders in Vaduz. Ob im Luxus- oder kleinen Mittelklassehotel – die Gäste werden überall mit traditioneller Gastfreundschaft rundum verwöhnt.

Vaduz 138

€€€ | **Das b_smart Hotel** In Bendern in der Nähe von Vaduz, stylishes Design, 24-h-Selbstbedienungs-Check-in, Sauna, Fitnesscenter und attraktive Hotelbar. ■ Industriestr. 12, FL-9487 Gamprin-Bendern, Tel. 00423/ 2304747, www.b-smarts.net

€€€ | **Landhaus am Giessen** Komfortabler und angenehmer Aufenthalt in gemütlicher Atmosphäre. ■ Zollstr. 16, Tel. 00423/2350035, www.giessen.li

€€€ | **Park Hotel Sonnenhof** Das Viersterne-Superiorhotel in traumhafter Lage bietet Weltklasseservice auch im Gourmetrestaurant Marée. Der Panoramablick auf Alpen, Rheintal und Schloss Vaduz ist überwältigend. Zum Wellnessbereich gehören ein Innenpool und eine Sauna. ■ Mareestr. 29, Tel. 00423/2390202, www.sonnenhof.li

€€€ | **Residence Hotel** Attraktive Lage mit Restaurant in der Fußgängerzone direkt unterhalb von Schloss Vaduz, stilvoll ausgestattete Zimmer und Suiten. ■ Städtle 23, Tel. 00423/2392020, www.residence.li

Triesenberg 140

€ | **Berggasthaus Sücka** Geschichtsträchtiges Kurhaus in 1400 m Höhe mitten im Wandergebiet, mit atemberaubendem Bergblick. Im Sommer kann man hier das Älplerleben auf der Kuhalp Sücka hautnah miterleben. ■ Sückastr. 41, Tel. 00423/263 25 79, www.berggasthaus-suecka.li

€€–€€€ | **Hotel Restaurant Kulm** Erholen über dem Rheintal mit Blick auf Schweizer und Liechtensteiner Berge in Zimmern des traditionellen Walserstils. ■ Schlossstr. 3, Tel. 00423/237 79 79, www.hotelkulm.li

Malbun 140

€–€€ | **Hotel Falknerei Galina** Traditioneller Familienbetrieb mit hauseigener Falknerei. ■ Im Malbun 20, Tel. 00423/2653424, www.galina.li

€€€ | **Hotel Gorfion** Das absolut serviceorientierte, familienfreundliche Hotel mit sehr guter Kinderbetreuung. ■ Stubistr. 8, Malbun, Tel. 00423/265 9000, www.gorfion.li

€€€ | **Hotel Turna in Malbun** Urig familiäre Atmosphäre mit Restaurant, Sonnenterrasse und Kinderspielzimmer. Saunalandschaft mit Kneippbecken und ein Hallenbad für die Entspannung. ■ Im Malbun 55, Tel. 00423/ 2655040, www.turna.li

Balzers 141

€€–€€€ | **Hotel Hofbalzers** Traditionelle Gastfreundschaft in Hotel und Restaurant im Ortszentrum von Balzers. ■ Höfle 2, Tel. 00423/3800013, www.hofbalzers.li

Ostschweizer Bodensee

Ein grandioser Weitblick über sechs Landesgrenzen, tosende Wassermassen am Rheinfall und quirliges Stadtleben

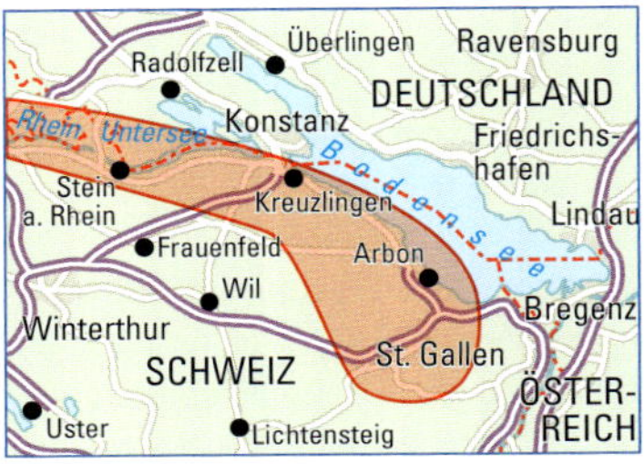

Den Einstieg zur Ostschweizer Bodenseeregion erschließt man sich am besten mit Bergsicht vom 2502 m hohen Säntis des Alpsteinmassivs. Ihm zu Füßen erstrecken sich die hügelige Landschaft der Region St. Gallen-Bodensee und die Kantone Appenzell Inner- und Außerrhoden. In dieser Umgebung der UNESCO-Weltkulturerbe- und Textilstadt St. Gallen lässt es sich hervorragend wandern, radeln und speisen. Die Stadt selbst mit ihrem Stiftsbezirk, den vielen Sehenswürdigkeiten, Shopping- und Einkehrmöglichkeiten ist ein Eldorado für Städtereisende und Kulturtouristen. Zur romantischen »Sternenstadt« wird St. Gallen in der Weihnachtszeit, wenn 700 Sterne über Altstadt und Weihnachtsmarkt funkeln.

Der würzige Appenzeller Chäs schmeckt nirgendwo besser als im traumhaften Wandergebiet des Appenzeller Landes, wo man auf der Ebenalp eine große Chance auf Murmeltierbegegnungen hat. Im Westen des Schweizer Bodenseeufers überwältigt der Rheinfall bei Neuhausen mit dem tosenden Naturschauspiel des größten Wasserfalls in Europa. Stein am Rhein lockt in seine mittelalterlich geprägte Altstadt. Auf den Schlössern Arenenberg und Girsberg nehmen wir Einblick in die Geschichte zweier Granden – Napoleon III. und Ferdinand Graf von Zeppelin, und im Heidener Museum begegnen wir Henry Dunant, dem ambitionierten Begründer der Internationalen Rotkreuz- und Rothalbmond-Bewegung. Von den Thurgauer Obst- und Almwiesen und dem bezaubernden »Nichts« Ermatingens über Gottlieben mit den leckeren Hüppen bei Kreuzlingen bis hin zur nostalgischen Badhütte im See vor Rorschach – der Ostschweizer Bodensee ist ein wahres Ferienparadies.

In diesem Kapitel:

31 Säntis ... 146
32 Appenzell ... 146
33 St. Gallen ... 148
34 Heiden ... 156
35 Rorschach ... 157
36 Arbon ... 159
37 Romanshorn ... 160
38 Kreuzlingen ... 162
39 Ermatingen ... 164
40 Schloss Arenenberg ... 165
41 Steckborn ... 165
42 Stein am Rhein ... 166
43 Diessenhofen ... 167
44 Rheinfall bei Neuhausen ... 167
Übernachten ... 169

ADAC Top Tipps:

8 Säntis, Schwägalp
| Aussichtsberg |
Mit der Schwebebahn zum berauschenden Sechsländerblick hinauffahren. 146

9 Stiftsbezirk St. Gallen
| UNESCO-Weltkulturerbe |
Die Residenz des Bischofs von St. Gallen und den Sitz der Kantonsregierung besuchen. 149

10 Rheinfall bei Neuhausen
| Wasserfall |
Das grandiose Naturschauspiel des größten Wasserfalls in Europa erleben. 167

ADAC Empfehlungen:

22 Chäslade im Dorf Appenzell
| Käseladen |
Den würzigsten Käse der Schweiz in der Bergluft von Appenzell probieren. 147

23 Waldgasthaus Lehmen, Appenzell
| Wanderungen |
In der Alpsteinregion unterwegs sein und dabei den scheuen Murmeltieren begegnen. 147

24 Wirtschaft zur alten Post, St. Gallen
| Historisches Wirtshaus |
Die berühmte St. Galler Bratwurst im »Pöstli« de luxe genießen. 154

25 Schloss Arenenberg
| Museum |
Auf den Spuren der napoleonischen Geschichte wandeln. 165

31 Säntis

8 *Hoch hinauf zum höchsten Punkt in der Alpsteinregion*

Information

■ Säntis-Schwebebahn, CH-9107 Schwägalp Säntis, Tel. 00 41/71/365 65 65, Fahrzeiten Sommer/Winter unter www.saentisbahn.ch (Webcam)

■ Berg- und Talfahrt Erw. (ab 16 J.) 54 CHF, Kinder (6–16 J.) 27 CHF

Der 2502 m hohe Säntis, der höchste Berg der Alpsteinregion, ist ein idealer Ausgangspunkt für ein weitverzweigtes Wanderwegenetz. In zehn Minuten mit der Säntis-Schwebebahn ist der geschäftige Gipfel mit seinen wetterfesten Aussichtsplattformen, Sonnenterrassen, Panoramarestaurants und Shops erreicht. Von dort oben schweift der Blick bei guter Sicht über sechs Länder: die Bündner, Glarner und Berner Alpen der Schweiz, über den Bregenzerwald Österreichs und das Fürstentum Liechtenstein. Bei guter Fernsicht zeigen sich die Berge Italiens, die Vogesen in Frankreich und der Feldberg im Schwarzwald.

Sehenswert

Alpschaukäserei Schwägalp

| Käserei |

In der Alpschaukäserei Schwägalp schaut man dem Käser über die Schulter und lernt, wie hier die Produkte aus Alpenmilch entstehen, die in seinem Laden zum Kauf angeboten werden.

■ Mai–Okt. tgl. zu Ladenzeiten geöffnet, im Nov. nach Wetterlage. Käserei bei der Talstation Säntis-Schwebebahn, Tel. 00 41/71/364 12 20, www.alpschaukaeserei.ch

Wandern

Im **NaturErlebnispark Schwägalp Säntis** vermitteln die Themenwege »Alpwirtschaft«, »Geologie-Steinpark«, »Wald«, »Moor«, »Mensch & Umwelt« »Säntis – der Wetterberg« Landschaft, Leben und Kultur in den Alpen. Die Wege sind barrierefrei. Hunde dürfen angeleint mitgeführt werden. ■ CH-9107 Schwägalp, Tel. 00 41/71/365 65 65, www.naturerlebnispark.ch (Webcam), ganzj. zugänglich, kostenfrei

32 Appenzell

Reich verzierte, farbenfrohe Holzhäuser prägen das Dorfbild

Information

■ Appenzellerland Tourismus AI, Hauptgasse 4, CH-9050 Appenzell, Tel. 00 41/71/788 96 41, www.appenzell.ch

Das Dorf Appenzell (1071 erstmals erwähnt) mit seiner reizvollen Haupt-

ADAC Mittendrin

Die Sommermonate verbringen die Sennen mit ihrem Vieh auf den Bergweiden im Alpstein. Bis heute ist es ein Festtag in Appenzell, die Kühe, Ziegen und Schweine ab Ende Mai in einem bunten, langen Marsch bei Geläut und Muhen auf die Alp zu treiben. Wer diese **Alpfahrt** und im September den **Almabtrieb** live miterleben möchte, wenn die Sennen mit den Tieren wieder zurück ins Tal ziehen, erhält Infos und Termine auf E-Mail-anfrage unter info@appenzell.ch gasse, den bunt bemalten Holzhäusern, der stattlichen Pfarrkirche und dem Landsgemeindeplatz ist der touristische Magnet im Appenzellerland. Hier lassen sich noch traditionell sennisches Brauchtum, Kultur, Handwerk und Geselligkeit hautnah erleben. Unzählige wunderschöne Wanderwege vom einfachen Spazierpfad bis zur anspruchsvollen Bergwanderung führen ins Alpsteingebiet wie z. B. auf den Ausflugsberg Hoher Kasten oder auf die Ebenalp. Urige Wirtshäuser laden zur Einkehr und Übernachtung.

Sehenswert

Museum Appenzell

| Volkskundemuseum |

Das Museum widmet sich dem ländlichen kulturellen Erbe und gibt Einblicke in Alltägliches wie Wohnen, Handstickerei, Trachten, Bauern- und Möbelmalerei, Brauchtum, Volksfrömmigkeit und befasst sich zudem mit der Tourismusentwicklung im Alpstein.

■ Hauptgasse 4, Tel. 00 41/71/788 96 31, www.museum.ai.ch, April–Okt. Mo–Fr 10–12, 13.30–17, Sa, So, Fei ab 11 Uhr, 7 CHF, Kinder Eintritt frei

Einkaufen

22 Der **Chäslade** mitten im Dorf Appenzell lädt ein, die heimischen Käsesorten zu probieren. Es ist zu empfehlen, einen »Appenzeller« vor der Reise zu kosten, um den unvergleichlich intensiven Geschmack des Käses mit seinem speziellen würzigen Aroma am Ursprungsort zu genießen. So gut wie hier wird er daheim niemals schmecken.

■ Hauptgasse 13, Tel. 00 41/71/787 13 17, www.chaeslade.com, Mo–Fr 8–12, 13.30–18.30, Sa 8–16, So 13–17 Uhr

Mit der Schwebebahn auf den Gipfel des Säntis gleiten

Wandern

23 Im etwas entfernten idyllisch gelegenen **Waldgasthaus Lehmen** (S. 169) mit seinen im Alpinstil eingerichteten Zimmern und vielen Schweizer Spezialitäten bleibt einem gar nichts anderes übrig, als sich einfach nur wohlzufühlen. Eine mehrstündige Wandertour (mit Fernglas) zur Ebenalp und ihren Murmeltieren, Picknick in grüner Hügellandschaft – bestenfalls unter Beobachtung einer Schar neugieriger Bergziegen – lässt einen Urlaub in Lehmen zu einem unvergesslichen Erlebnis werden.

■ Triebernstr. 72, CH-9057 Weissbad, Appenzell, Tel. 00 41/71/799 13 48, www.lehmen.ch

33 St. Gallen

Zwischen UNESCO-Welterbe und Bratwurst-Degustation

Die Stiftskirche St. Gallen zählt zu den monumentalen Sakralbauten des Spätbarocks

Information

- St. Gallen-Bodensee Tourismus, Bankgasse 9, CH-9001 St. Gallen, Tel. 00 41/71/227 37 37, www.st.gallen-bodensee.ch
- Parken: siehe S. 154

Der Ursprung der Stadt St. Gallen mit dem Klosterbezirk und der monströsen spätbarocken doppeltürmigen Stiftskirche St. Gallus und Otmar lässt sich auf eine Einsiedlerklause des irischen Wandermönchs Gallus (612) zurückführen. Auf seiner Grabstelle gründete Abt Otmar im frühen 8. Jh. ein Kloster. 1983 wurde der daraus im Laufe der Jahrhunderte entstandene Stiftsbezirk zum UNESCO-Weltkulturerbe erklärt. Das historisch geprägte St. Gallen ist das Ostschweizer Wirtschaftszentrum mit Schwerpunkt im Dienstleistungssektor, Textilproduktion und Tourismus. Die innovative und avantgardistische Kulturmetropole brilliert mit großartigen Opernaufführungen, Operetten, mit Ballett, Musical und Schauspiel. Kunstmuseum und Kunsthalle präsentieren Werke von Weltrang, und das Textilmuseum dokumentiert einen bedeutenden Zweig der Wirtschaftsgeschichte der Stadt. Einkaufsstraßen in St. Gallen sind die Multer- und die Marktgasse mit ihren vielen schmucken Läden, versüßt von den verführerischen Kuchen der

Plan
S. 153

Confiserie Roggwiller. Jeweils am ersten Samstag im Monat findet auf dem Gallusplatz ein beliebter Flohmarkt statt. Ein idealer Kurztrip also für kauflustige Städte- und wissensdurstige Kulturreisende – doch auch Naturliebhaber kommen in der ländlichen Umgebung St. Gallens mit den herrlichen (Themen-)Wander- und Radwegen in den Genuss erholsamer Ferienerlebnisse. Südlich der Altstadt an den Hängen des Freudenbergs im Naherholungsgebiet »Drei Weieren« bringt es Spaß, in den Seen zu baden, dort im Winter Schlittschuh zu laufen oder im Alpstein mit dem Hundeschlitten die verschneite Landschaft zu erleben.

Sehenswert

1 Stiftsbezirk St. Gallen

| UNESCO-Weltkulturerbe |

9 *Bischofswohnsitz und Sitz der Kantonsregierung*

Die von Otmar 719 auf der Grabstelle des Mönchs Gallus gegründete Benediktinerabtei entwickelte sich im Laufe der Jahrhunderte zu einem bedeutenden Klosterkomplex, der zur Zeit der Reformation (1517–1648) ein befestigter Stadtteil war. Mit der Besetzung der Ostschweiz durch französische Truppen infolge der Französischen Revolution wurde das Kloster aufgehoben und 1803 der Kanton St. Gallen gegründet. Kanton und St. Galler Katholiken teilten sich den Abteibesitz. Die Bistumsgründung St. Gallen erfolgte 1847 nach der Abspaltung vom Doppelbistum Chur-St. Gallen. Im Jahr 1983 gelangte St. Gallen zu Weltruhm, weil die UNESCO den gesamten Stiftsbezirk zum Weltkulturerbe erklärte.

ADAC Spartipp

Die Ostschweizer **Gästekarte OSKAR** gibt es ab zwei Übernachtungen beim Gastgeber in den Kantonen St. Gallen, Thurgau, Appenzell IR/AR, Schaffhausen, Liechtenstein. In der Ostschweizer Gästekarte (ab 16 J. 15 CHF/Kinder (von 6–16 J.) 7,50 CHF pro Tag) sind der gesamte öffentliche Verkehr, die Bergbahnennutzung und die Eintrittsgelder für Museen inbegriffen (www.oskarferien.ch).

Gallusplatz mit Gallusbrunnen im historischen Zentrum von St. Gallen

Das Barockensemble samt Kathedrale mit Stiftsbibliothek im Westflügel und der evangelisch-reformierten Kirche St. Laurenzen birgt bedeutende Architektur- und Kunstschätze aus über 1200 Jahren Geschichte der Klosteranlage. Die Kathedrale mit ihrer Doppelturmfassade ist das Wahrzeichen St. Gallens. Der Stiftsbezirk, in dem die Kantonsregierung ihren Sitz hat und auch der Bischof von St. Gallen wohnt, zieht mit seiner Erlebnistiefe jährlich viele Besucher in die Stadt.

2 Stiftskirche St. Gallen

| Kathedrale |

Die römisch-katholische Stiftskirche St. Gallen wurde 1755 bis 1766 als barocker Monumentalbau vom Vorarlberger Baumeisters Johann Michael Beer von Bildstein mit planerischer Beteiligung von Peter Thumb und Johann Caspar Bagnato errichtet. Die Kirche ist der Neubau der ehemaligen 1755 abgerissenen Klosterkirche und gehört heute zum Bistum St. Gallen, dem sie als Kathedrale dient. Highlights sind die Ostkrypta, wo sich das Grab des Heiligen Gallus befinden soll, sowie die Stiftsbibliothek und das Lapidarium mit historischen Klosterfunden im Westflügel des Konventgebäudes. Der Kirchenraum mit seinen opulenten Malereien, Schnitzereien und Stuckaturen sorgt für eine heitere, verspielte, von Licht durchflutete Atmosphäre.

■ Klosterhof 4, Mo–Mi 6–18.30, Do–Sa ab 7, So 7.30–20.30 Uhr

3 Stiftsbibliothek

| Bibliothek |

Die Bibliothek des ehemaligen Benediktinerstifts St. Gallen ist die älteste Bibliothek der Schweiz. Sie beherbergt einen wertvollen Bestand vom 8. Jh. bis heute, das sind 2100 frühmittelalterliche Originalhandschriften, 1650 Wiegendrucke sowie rund 170 000 Bücher. Die Handschriftensammlung dokumentiert die Historie der lateinischen Schrift von der Antike bis zur Renaissance. Der Barocksaal mit überraschendem Rokoko-Interieur ist überwältigend.

■ Klosterhof 6 D, Tel. 00 41/71/227 34 16, www.stibi.ch, tgl. 10–17 Uhr, 18 CHF

4 Gallusplatz

| Platz |

Am Gallusplatz direkt vor den Klostermauern begann die städtische Siedlung (10. Jh.) durch Handwerker, die nicht dem Kloster angehörten. Mitten auf dem großzügigen Platz der Altstadt erinnert ein Brunnen an den Heiligen Gallus.

5 Kirche St. Laurenzen

| Kirche |

Der Besuch der dreischiffigen evangelischen Stadtkirche St. Laurenzen (9. Jh.) mit gotischen Pfeilerarkaden und rechteckigem Chor erinnert an die bewegte Zeit der protestantischen Stadt und ihre Rivalität zum katholischen Galluskloster.

■ Marktgasse 25

6 Spieldosenkabinett

| Dauerausstellung |

Das Spieldosenkabinett der Firma Labhart-Chronometrie & Goldschmiede knüpft an die Tradition der ersten Musikspieluhr des Genfer Uhrmachers Antoine Favre von 1796 an, der die Spieldose erfunden hat. Gezeigt werden klingende Kunstwerke z.B. mit tanzenden Figuren und zwitschernden Singvögeln, auch größere Musikautomaten befinden sich in dem wohl kleinsten Museum der Schweiz.

■ Labhart-Chronometrie, Marktgasse 23, Tel. 00 41/71/22 50 60, Di–Sa 11 Uhr

ADAC Wussten Sie schon?

Pfahlbauten gibt es auch mitten in St. Gallen, denn die Stadt ist im Gebiet der flachen mittelländischen Molasse (Sedimentablagerungen) angesiedelt. Große Teile der Innenstadt, wie auch der Hauptbahnhof und die Hauptpost, liegen auf instabilem Torfboden mit hohem Grundwasseranteil. Um ein Absacken zu verhindern, wurden die Gebäude auf Eichenholzpfählen gebaut.

7 Vadian-Denkmal

| Ehrenmal |

Das monumentale Standbild aus Bronze steht seit 1904 in der Nähe des Marktplatzes Bohl. Es wurde zum Gedenken an Joachim Vadianus (Joachim von Watt, 1484–1551), den Bürgermeister und Reformator der Stadt St. Gallen, errichtet.

■ Neugasse 2

Faszinierende Stiftsbibliothek im Barocksaal des ehemaligen Klosters St. Gallen

Die Stadtlounge »Roter Platz« lädt zum Verweilen ein

8 Tonhalle

| Konzertsaal |

Für die Sinfoniekonzerte und kammermusikalischen Meisterzyklus-Konzerte im großen Jugendstilsaal der Tonhalle werden international renommierte Dirigenten und Solisten verpflichtet. Auf dem Programm stehen auch Kinder- und Familienkonzerte, die dem jungen Publikum die Klassische Musik schmackhaft machen sollen.

■ Museumstr. 25, Tel. 00 41/71/242 06 06, www.st.gallen.ch/tonhalle, Karten Mo–Fr 10–19, Sa 10–14 Uhr

9 Stadttheater

| Theater |

Das Stadttheater im Paillard-Bau des Museumsviertels bringt alsDreispartenbetrieb Oper, Schauspiel, Tanz, Kinder- und Jugendtheater zur Aufführung. Zudem genießt das Theater St. Gallen den Ruf, die wohl bedeutendste Musicalbühne der Schweiz zu sein.

■ Museumstr. 24, Tel. 00 41/71/242 06 06, www.theatersg.ch, Karten s. Tonhalle

10 Kunstmuseum

| Kunstmuseum |

In Dauerausstellungen werden dem Publikum im Kunstmuseum St. Gallen Gemälde und Skulpturen aus der Ostschweiz vom Spätmittelalter bis zur Gegenwart sowie zeitgenössische und moderne Kunst in Wechselausstellungen gezeigt.

■ Museumstr. 32, Tel. 00 41/71/242 06 71, www.kunstmuseumsg.ch, Di–So 10–17, Mi bis 20 Uhr, 12 CHF, Ermäßigte 6 CHF

11 Historisches und Völkerkundemuseum

| Museum |

Kultur- und kunstgeschichtliche, ethnologische und zeitgeschichtliche Exponate aus der Historie St. Gallens sind hier zu sehen. Zeugnisse der Leinwandindustrie und ein großes Stadtmodell der Reichsstadt St. Gallen von 1642 zählen zu den Highlights.

■ Museumstr. 50, Tel. 00 41/71/242 06 42, www.hvmsg.ch, Di–So 10–17 Uhr, 12 CHF, Kinder/Jugendl. (bis 18 J.) Eintritt frei

12 Textilmuseum

| Gewerbemuseum |

Das Textilmuseum mit Textilbibliothek im »Palazzo Rosso« (1886) in der Altstadt dokumentiert die historische und zeitgenössische Textilproduktion. Gezeigt werden u.a. Textilien, Kostüme, Modefotografien und -zeichnungen, Musterbücher sowie eine Handstickmaschine, die bei der Produktion verwendet wurde. In diesem Museum erlebt man die Blütezeit der St. Galler Stickereiindustrie vor 100 Jahren.

■ Vadianstr. 2, Tel. 00 41/71/228 00 10, www.textilmuseum.ch, tgl. 10–17 Uhr, 12 CHF, Kinder/Jugendl. (bis 18 J.) Eintritt frei

13 Stadtlounge »Roter Platz«

| Kunstensemble |

Die Schweizer Künstlerin Pipilotti Rist und der Architekt Carlos Martinez haben die avantgardistische und surreal wirkende Stadtlounge »Roter Platz«, ein großes Areal mit rotem Boden im Bleicheli Quartier, im Auftrag des Schweizer Verbands der Raiffeisenbanken und der Stadt St. Gallen gestaltet – ein öffentliches Wohnzimmer mit Sofas, Stühlen, Tischen und Liegen unter freiem Himmel. In der Dunkelheit beleuchten große runde Lichtkörper die Stadtlounge.

■ Raiffeisenpl., www.sanktgallen.ch/stadtlounge

14 Kunst Halle

| Kunstausstellung |

Hier werden zeitgenössische Werke von Künstlern aus der ganzen Welt ausgestellt. Eine lebendige, Impulse gebende Plattform insbesondere auch für die junge Kunst der Schweiz.

■ Davidstr. 40, Tel. 00 41/71/222 10 14, www.k9000.ch, Di–Fr 12–18, Sa, So 11–17 Uhr, 7 CHF, Kinder/Jugendl. (bis 18 J.) Eintritt frei

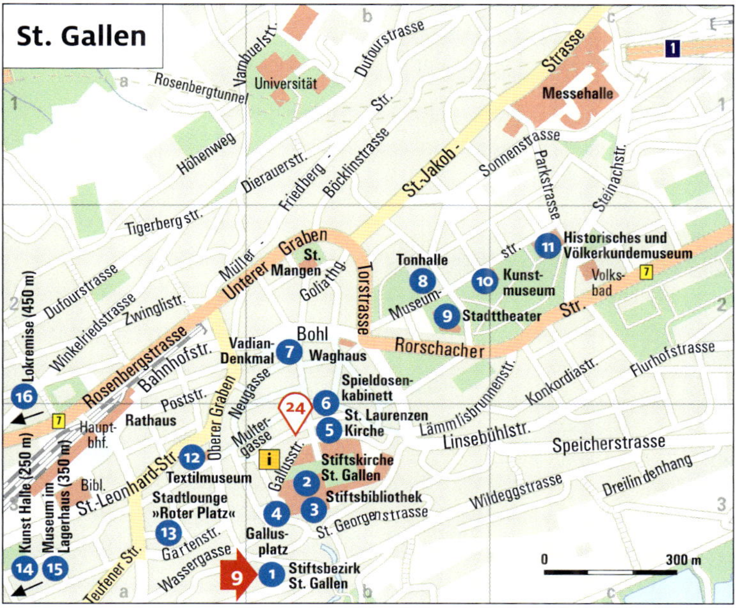

Plan S. 153

15 Museum im Lagerhaus

| Kunstmuseum |

Der Schwerpunkt des innovativen Museums liegt auf schweizerischer Outsider Art und Art brut – beides Richtungen autodidaktischer und durch innere Seelenzustände mit dem Rücken zur Welt geschaffene Kunstwerke. Diese und die im Museum ebenfalls ausgestellte, eher nach außen gerichtete erzählfreudig-fantasievolle Naive Kunst entstehen unberührt vom etablierten Kunstbetrieb und gewinnen international zunehmend an Bedeutung.

■ Davidstr. 44, Tel. 00 41/71/223 58 57, www.museumimlagerhaus.ch, Di–Fr 14–18, Sa, So, Fei 12–17 Uhr, 9 CHF, Kinder/Jugendl. (bis 18 J.) Eintritt frei

Im Blickpunkt

St. Galler Bratwursterbe

Das kulinarische i-Tüpfelchen und gleichzeitig absoluter Kult ist die berühmte St. Galler Bratwurst, die unterwegs mit Bürli (Brötchen, Semmel, Wecken) und aufgemerkt: ohne Senf (!) aus der Hand gegessen wird. Beim »Gemperli« mitten in der Stadt (Schmiedgasse 34) oder in der Metzgerei Schmid (St. Jakobsstrasse 48) schmeckt sie köstlich duftend und frisch gegrillt vom Rost am besten. Auch die Bratwurst hat eine lange Geschichte. Das erste Rezept stammt aus den Richtlinien der Metzgerzunft St. Gallen von 1438.

16 Lokremise

| Kulturzentrum |

Das ehemalige Lokomotiv-Ringdepot ist heute ein Kulturzentrum für Ausstellungen zeitgenössischer Kunst, Programmkino, avantgardistische Tanz- und Theaterabende sowie für moderne Schweizer und vegetarische Küche.

■ Grünbergstr. 7, Tel. 00 41/71/277 82 00, www.lokremise.ch

Parken

Um die Altstadt herum gibt es Parkhäuser, das Parkleitsystem führt zu freien Plätzen: www.pls-sg.ch

Restaurants

€€–€€€ | Restaurant Papagei Wer es gemütlich liebt und sich inmitten der Stadt von einem vielfältigen kulinarischen Angebot verwöhnen lassen möchte, ist hier bestens aufgehoben. ■ Hinterlauben 4, Tel. 00 41/71/222 24 66 www.papagei-sg.ch, Mo–Fr ab 9 Uhr, Sa, So geschl., Plan S. 153 b2

24 **€€€ | Wirtschaft zur alten Post** Das älteste Restaurant St. Gallens, liebevoll »Pöstli« genannt, ist eine kulinarische Perle in historisch-rustikalem Ambiente mitten in der Altstadt. Im Fachwerkhaus des 16. Jh. werden internationale und Schweizer Gerichte serviert, darunter auch die legendäre St. Galler Bratwurst – allerdings in einer Zubereitung de luxe mit Zwiebelsauce

Das »Pöstli« lockt mit feinster internationaler und regionaler Küche

und knusprigen Rösti. Im Sommer genießt man im Straßencafé das trubelige St. Galler Stadttreiben. ■ Gallusstr. 4, Tel. 00 41/71/222 66 01, www.apost.ch, Mo, Di geschl., Plan S. 153 b3

Einkaufen

In der **Galerie Lüchinger** findet man besondere Souvenirs, darunter mundgeblasenen und handbemalten Christbaumschmuck. Nix wie hin! ■ Webergasse 26, Tel. 00 41/71/923 68 58, www.weihnachts-deko.ch, Plan S. 153 b3

Kneipen, Bars und Clubs

Im Stadtgebiet von St. Gallen wimmelt es von Kneipen und Bars. Auch Shishabars erfreuen sich großer Beliebtheit. Doch das »Bermudadreieck« zwischen **Engel- und Metzgergasse** gilt als »Epizentrum« des St. Galler Nachtlebens. In 23 Bars und Restaurants herrscht dort Hochbetrieb. ■ www.bermuda3eck.ch, Plan S. 153 b2

Kinder

Klassische Märchen, Kinder- und Erwachsenenstücke werden im **Figuren-Theater St. Gallen** von Puppenspielern auf die Bühne gebracht. ■ Lämmlisbrunnenstr. 34, Tel. 00 41/71/222 60 60, www.figurentheater-sg.ch, 17 CHF, Kinder (bis 16 J.) 14 CHF. Die Tageskasse öffnet jeweils eine Stunde vor dem Vorstellungsbeginn, Plan S. 153 b3

Erlebnisse

Im **Säntispark** vergnügen sich die St. Galler gerne, relaxen und pflegen ihre Gesundheit. Das Angebot umfasst acht Wasserrutschbahnen, einen Wildwasser-Canyon, eine Kinderbadewelt, eine Wellnessoase, ein Wellen- und Solebad, einen Saunabereich und ein luxuriöses PrivatSpa. ■ Wiesenbachstr. 9, 9030 Abtwil, Tel. 00 41/58/712 55 00, www.saentispark-freizeit.ch, Bäder- und Rutschenwelt tgl. 11–21 Uhr, ab 29 CHF, Kinder (6–15 J.) ab 19 CHF

34 Heiden

Von Kopf bis Fuß auf Gesundheit und Wohlbefinden eingestellt

Information

■ Tourist-Information, Bahnhofpl. 1, CH-9410 Heiden AR, Tel. 00 41/71/898 33 01, appenzellerland.ch, www.heiden.ch

Eine Zahnradbergbahn steuert von Rorschach aus den Klimakurort Heiden an, dessen erste urkundliche Nennung aus dem Jahr 1512 datiert. 1838 vernichtete ein verheerender Großbrand das Dorfinnere. Der sofortige Wiederaufbau erfolgte in der damals zeitgenössischen klassizistischen Biedermeierarchitektur. Dem Begründer der Internationalen Rotkreuz- und Rothalbmond-Bewegung ist das Henry-Dunant-Museum gewidmet. Henry Dunant lebte bis zu seinem Tod 1910 in Heiden. Die US-amerikanische Sexualtherapeutin mit deutschen Wurzeln, Ruth Westheimer, wurde als Kind jüdischer Eltern bis Kriegsende 1945 in einem Kinderheim in Heiden vor den Nationalsozialisten in Sicherheit gebracht. Viele Hotels und Kurhäuser sind heute mit umfangreichen Wellnessangeboten und Rehabilitation auf Gesundheitstourismus ausgerichtet und knüpfen damit an die berühmte Tradition Heidens als Molkekurort (Mitte 19. Jh.) an. Das Mineralheilbad Unterrechstein und ausgedehnte Spaziergänge wie auf dem Witz- oder Gesundheitswanderweg runden den Aufenthalt ab.

Sehenswert

Henry-Dunant-Museum

| Museum |

Spannende Begebenheiten über das beeindruckende Lebenswerk des Schweizer Geschäftsmanns und ersten Friedensnobelpreisträgers (1901) Henry Dunant (1828–1910), Initiator und Gründer des Roten Kreuzes, erfährt man in

Heiden bietet seinen Gästen eine Vielzahl an Erholungsangeboten.

diesem Museum. Aber auch sein Eintreten für eine friedliche Welt ohne soziale Not wird thematisiert.

■ Asylstr. 2, Tel. 00 41/71/891 44 04, www.dunant-museum.ch, April–Okt. Mi–Fr 13–17, So ab 11 Uhr, 8 CHF, Kinder (8–16 J.) 4 CHF. Wegen Umbau bis auf Weiteres im Dunant-Plaza, Kirchpl. 9.

Restaurants

€€€ | **Gasthaus zur Fernsicht – Incantare** Das mit zwei Michelin-Sternen geadelte Gourmetrestaurant von Küchenchef Tobias Funke bietet feinste Speisen und Weine nur als Menu an. ■ Seeallee 10, Tel. 00 41/71/898 40 40, www.fernsicht-heiden.ch, Di–Sa 19–24 Uhr

€€€ | **Hotel & Restaurant Linde** Mit »En Guete!« wünscht das gutbürgerliche, genossenschaftlich geführte Restaurant »Guten Appetit!«. ■ Poststr. 11, Tel. 00 41/71/898 34 00, www.lindeheiden.ch, Mo–Sa 8–23, So bis 20 Uhr

Erlebnisse

Es ist ein besonderes nostalgisches Erlebnis, mit der schnaufenden **Dampflok »Rosa«** jeden 1. Sonntag im Monat von Rorschach im Zahnradmodus an urigen Bauernhäusern vorbei, hinauf ins Biedermeierdorf Heiden zu tuckern. Doch »Rosa« hat einen schweren Kesselschaden erlitten, dessen Reparatur sich noch geraume Zeit hinziehen wird. Wann die Dampffahrten zukünftig wieder stattfinden ist noch unklar. Auf jeden Fall sorgt die um einiges leisere und wohl auch umweltverträglichere elektrische Nostalgielok Nr. 22, Baujahr 1930, sonntags von Mai bis Oktober für Ersatz.

■ Appenzeller Bahnen, Bahnhof Heiden, Tel. 00 41/71/891 18 52, Fahrplan unter www.appenzellerbahnen.ch

Idyllisch schmiegt sich Rorschachs Hafen an das Ufer

35 Rorschach

Man trifft sich in der historischen Badhütte zu kulturellen Begegnungen

Information

■ Tourist-Information Rorschach, Hafenpavillon/Hafenbahnhof, CH-9401 Rorschach, Tel. 00 41/71/841 61 41, www.rorschach.ch

Rorschachs Historie reicht zurück bis in die Zeit der Alemannen, die sich nach dem Sieg über die Römer rund um den Bodensee ansiedelten. Nach dem Erhalt des Markt- und Zollrechts (18. Jh.) entwickelte sich Rorschach zur Hafen- und Handelsstadt. In der heutigen Zeit fährt die Bodenseeschifffahrt Touristen von hier aus zu den Inseln Lindau und Mainau sowie nach Meersburg und Rheineck. An der Seepromenade von Rorschach liegt die Badhütte (1924), und am Hafen steht der Getreidespeicher, das 1746 von Johann Caspar Bagnato erbaute Kornhaus. Im Kornhaus-Museum befinden sich interessante Exponate zur Stadtgeschichte. Der Jakobsbrunnen in der Neugasse nahe dem Hafen ist ein bekannter Ausgangspunkt für Jakobspilger nach Santiago de Compostela. Sehenswert sind auch der gotische Kreuzgang und der Kapitelsaal von Kloster Mariaberg (1487–1489). Lohnend ist der Besuch von Schloss Wartegg (1558), in dem einst Freunde der Bonapartes logierten. Die Schlossanlage beherbergt heute ein Hotel, ein Restaurant und einen Kulturverein.

Sehenswert

Museum im Kornhaus

| Erlebnismuseum |

Im interaktiven Kornhaus-Museum erfahren die Besucher viel über Pfahlbauten, Bevölkerung, Industrie, Gewerbe, Handel, über Optik und Illusionen, Schriften und Zeichen und über Mathe-Magie – eine faszinierende Welt, jenseits von Zahlen. Es ist ein Museum zum Mitmachen, Anfassen, Experimentieren und vor allem fürs Lernen mit allen Sinnen und viel Spaß. ■ Hauptstr. 58, Tel. 00 41/71/841 40 62, www.museum-rorschach.ch, Mitte April–Ende Okt. tgl. 13–17 Uhr, 11 CHF, Kinder (bis 12 J.) 6 CHF

Badhütte Rorschach

| Erlebnisbad |

Die denkmalgeschützte Badhütte (1924) der Stadt Rorschach ist eine überaus beliebte nostalgische Seebadeanstalt. Doch ihre Bedeutung ist weit mehr als nur ein paradiesisches Badehaus für Wasserratten. Es ist ein angesagter Treffpunkt, an dem die Gäste auch mit Veranstaltungen, Speisen und Kuchen verwöhnt werden. ■ Thurgauerstr. 26, Tel. 00 41/71/841 16 84, Events/Öffnungszeiten unter www.badhuette.ch, 4 CHF, Kinder (6–16 J.) 2 CHF

Verkehrsmittel

Ab Rorschach-Hbf. fahren Züge nach Heiden, jeden 1. So im Monat (Mai–Okt.) stehen historische Zugfahrten auf dem Fahrplan (www.appenzellerbahnen.ch).

Parken

Informationen zu Parkmöglichkeiten in Rorschach mit Plan zum Download unter www.rorschach.ch/verkehr/24367

Restaurants

€€€ | Café Restaurant Mozart Hier gibt's verführerische süße und salzige österreichische Spezialitäten. ■ Hafenzentrum, Tel. 00 41/71/844 47 47, www.mozart-rorschach.ch

Events

Beim Rorschacher **Sandskulpturen Festival** am Bodenseeufer erschaffen Künstler aus aller Welt während einer Woche im August zu einem bestimmten Thema plastische Kunstwerke aus Sand, die bis Mitte September bewundert werden können. Die beste Skulptur wird am Ende von einer Fachjury ausgezeichnet. ■ Sandskulpturen Festival Verein Pablo, Tel. 00 41/79/634 49 32, www.sandskulpturen.ch, 6 CHF, Kinder (bis 12 J.) Eintritt frei

Wandern

Auf eine **witzige Rundreise** geht's mit Schiff und Bahn vom Rorschacher Hafen nach Rheineck am Alten Rhein und weiter per Zug nach Walzenhausen zur Wanderung mit traumhafter Aussicht auf dem Witzweg nach Heiden. Der Rückweg nach Rorschach erfolgt wieder per Schiene.

■ www.appenzellerbahnen.ch, www.appenzellerland.ch/witzweg

In der Umgebung

Markthalle Altenrhein

| Hundertwasserbau |

Die ungewöhnliche Architektur des Künstlers Friedensreich Hundertwasser in R(h)einkultur: ein Feuerwerk aus Farben mit golden strahlenden Zwiebeltürmen, keine gerade Linie, kein Fenster gleicht dem anderen, schiefe Böden, bunte Keramiksäulen und Dachflächen als Biotop.

■ Knotternstr. 2, CH-9422 Staad am Bodensee, Tel. 00 41/79/506 47 35, Öffnungszeiten, Führungen und Eintrittspreise unter www.markthalle-altenrhein.ch

36 Arbon

Altstadt mit verwinkelten Gassen in mittelalterlichem Ambiente

Information

■ Arbon Tourismus, Schmiedgasse 5, CH-9320 Arbon, Tel. 00 41/71/531 01 75, thurgau-bodensee.ch

In die Zeit des Mittelalters versetzt fühlt man sich beim Besuch der verwinkelten Altstadt, in der das Arboner Schloss – Wahrzeichen der Stadt – steht. Davor laden eine lange Seepromenade mit Parkanlagen, eines der ältesten Strandbäder der Schweiz und ausgedehnte Wander- und Spazierwege in lieblicher Landschaft zum Verweilen ein. Zahlreiche Kulturevents und Märkte sorgen für abwechslungsreiche Unterhaltung im ehemaligen »Arbor Felix« (dt. »glücklicher Baum«), wie Arbon zur Römerzeit hieß.

Typisch für Arbon ist das mittelalterliche Fachwerk

Sehenswert

Saurer Museum

| Firmenmuseum |

Das Privatmuseum erinnert an die Firma Saurer, die in Arbon Lastwagen, Omnibusse, Militärfahrzeuge und Textilmaschinen produzierte. Ausgestellt wird neben Nutzfahrzeugen, Post- und

Feuerwehrautos, Benzin- und Dieselmotoren auch eine alte »Chlüpperlimaschine« (1860), eine Stickmaschine der Marke Saurer.

■ Weitegasse 8, Tel. 00 41/71/440 13 80, www.saurermuseum.ch, tgl. 10–18 Uhr, 8 CHF, Kinder (bis 16 J.) Eintritt frei

Historisches Museum

| Regionalhistorisches Museum |

Das Museum im Schloss Arbon präsentiert eine lebendig dokumentierte Zeitreise durch die über 5000-jährige Siedlungsgeschichte am Bodensee durch Jungsteinzeit, Bronze-, Römerzeit und Mittelalter bis hin zum Leinwandhandel im 18. Jh. und zur Zeit der Industrialisierung im 19. und 20. Jh.

■ Im Schloss 4, Tel. 00 41/71/446 57 16, www. museum-arbon.ch, Mitte Juni–Mitte Sept. tgl. 14–17 Uhr, 6 CHF, Kinder (bis 16 J.) gratis

MoMö

| Apfelmuseum |

Von der Blüte bis zum Saft in der Flasche wird im privaten Mosterei- und Brennereimuseum der Familie Möhl die gesamte Welt des Apfels interaktiv zu einem wunderbaren, nachhaltigen Erlebnis. Auch die Bedeutung der Bienen wird multimedial dargestellt.

■ St. Gallerstr. 209, Tel. 00 41/71/447 10 00, www.moehl.ch, Mi–Fr 9–18.30, Sa, So 9–17 Uhr, 9 CHF, Kinder (bis 16 J.) freier Eintritt

Parken

Parkplätze an der Schloss- und Wassergasse und Promenadenstraße.

Restaurants

€€–€€€ | Restaurant Brauerei Hotel Frohsinn Im Fachwerkhaus und unter Kastanienbäumen schmeckt die gutbürgerliche, ländliche Küche und dazu frisch gebrautes Bier. ■ Romanshornerstr. 15, Tel. 00 41/71/447 84 84, www.frohsinn-arbon.ch

37 Romanshorn

Hafenstadt mit Herz für Wassersport, Eislaufen und Lokomotiven

Information

■ Tourist-Information, Im Bahnhof SBB, CH-8590 Romanshorn, Tel. 00 41/71/531 01 31, www.tourismus-romanshorn.ch

Romanshorn ist keine römische Gründung, wie man meinen könnte, sondern geht urkundlich (779 als »Rumanishorn«) auf die Besiedlung der Alemannen zurück. Mit dem Bau der Eisenbahnlinie und des Hafens (Mitte 19. Jh.) entwickelte sich das einstige Fischerdorf rasch zum Handels- und Verkehrsknotenpunkt für Bahn- und Schifffahrt sowie zum Tourismusort. Die Autofähre Romanshorn–Friedrichshafen (1929) verbindet die Schweiz mit Deutschland. Heute ist Romanshorn ein moderner Industriestandort zur Herstellung von Kunststoff, Maschinen, Chemie- und Pharmaprodukten. Die attraktive Lage am Bodensee schafft da z. B. mit Wasserski- und Motorbootfahren, Rudern, Segeln, einer modernen Eissporthalle und einem herrlichen Seebad mit einem Feld für Beachvolleyball ein ausgleichendes, sportlich wertvolles Freizeitangebot. In der Umgebung lässt es sich auf zauberhaften Wegen wandern und radeln, und auch eine ansprechende Hotellerie und Gastronomie sind in Romanshorn zu finden.

Sehenswert

autobau Erlebniswelt

| Automobilsammlung |

Die autobau Erlebniswelt im ehemaligen Tanklager ist Treffpunkt für Autofans. Hier befindet sich die private Sammlung von über 120 Klassikern des Automobilbaus, Supersportwagen und Rennautos des ehemaligen Rennfahrers Fredy Lienhard. An zwei Tagen in der Woche kann die Ausstellung besichtigt werden.

■ Egnacherweg 7, Tel. 00 41/71/466 00 66, www.autobau.ch, So 10–17 Uhr, 22 CHF, Kinder (7–15 J.) 7 CHF

Locorama

| Eisenbahn-Erlebniswelt |

Im Locorama begeistern gigantische Lokomotiven und antike Waggons in der ehemaligen SBB-Lokremise in Romanshorn. Hier stehen als beste Stücke die Tender-Dampflokomotive Ec 3/5 (1912), die bayerische Schnellzug-Dampflok S 3/6 und die Elektroloks Ae 6/6 und Ae 4/7. Stellwerke, Signale sowie ein Fahrsimulatur sind ebenfalls in der Ausstellung zu sehen.

■ Alte SBB-Lokremise, Egnacherweg 1, Tel. 00 41/71/460 24 27, www.locorama.ch, 1. Mai–Ende Okt. So 10–17 Uhr, 6 CHF, Kinder (6–16 J.) 3 CHF

Museum am Hafen

| Stadtmuseum |

Im Dachgeschoss des alten Zollhauses am Hafen kann man sich über den Zeitraum von 1800 bis in die Gegenwart zur Entwicklung Romanshorns als wichtigem Verkehrsknotenpunkt in der Region informieren.

■ Hafenstr. 31, Tel. 00 41/71/463 44 25, www.museumromanshorn.ch, So 14–17 Uhr, Eintritt frei

Formel-1-Herzen schlagen höher in der autobau Erlebniswelt

Restaurants

€€€ | **Restaurant Hafen** Direkt am Wasser gelegen, mit bodenständiger Schweizer Küche. ■ Friedrichshafnerstr. 55a, Tel. 00 41/71/466 78 48, www.restaurant-hafen.ch

Erlebnisse

Das Angebot der **Schweizerischen Bodensee Schifffahrt** ist vielfältig. An Bord kann man F(f)este feiern, heiraten, brunchen, schlemmen oder sich auf den Kursschiffen einfach nur die frische Seeluft um die Nase wehen lassen. Die Kursschiffe fahren von April bis Oktober über den weiten Bodensee und steuern viele Ausflugsziele an.

■ SBS Schifffahrt AG, Friedrichshafnerstr. 55, Tel. 00 41/71/466 78 88, sbsag.ch

Sport

Im **Eissportzentrum EZO** kann man Hockeyturnieren zusehen oder selbst Schlittschuh laufen. Schlittschuhe können ausgeliehen werden. ■ Egnacherweg 8, Tel. 00 41/71/466 75 00, Termine öffentlicher Eislauf unter www.ezo-tg.ch (s. unter Eissport), 5 CHF, Jugendl. (bis 16 J.) 4 CHF, Kinder (bis 10 J.) 3 CHF

38 Kreuzlingen

Hier haben sich einst Napoleon III. und Ferdinand Graf von Zeppelin erholt

Information

■ Kreuzlingen Tourismus,
Seestr. 45, CH-8280 Kreuzlingen,
Tel. 00 41/71/531 01 31,
www.kreuzlingen-tourismus.ch

Kreuzlingen, die größte Stadt am Schweizer Bodenseeufer, entstand 1928 durch Gebietszusammenlegung. Der Name geht zurück auf das Augustinerstift »cruzelin« von 1125. Interessante Museen und ganz besonders die Sternwarte und das Planetarium lohnen den Besuch. Die Seeuferanlage sowie die Umgebung von Kreuzlingen laden zu vielen Freizeitvergnügen ein.

Sehenswert

Seemuseum

| Schifffahrts- und Fischereimuseum |

Das Seemuseum im ehemaligen Kornhaus der Augustiner (1680) dokumentiert die eindrucksvolle Geschichte der Fischerei und der Bodenseeschifffahrt. Es liegt im reizvollen Seeburg-Park, in dem nicht weit entfernt auch das Schloss Seeburg (1598) zu finden ist.

■ Stiftung Seemuseum, Seeweg 3, Tel. 00 41/71/688 52 42, aktuelle Öffnungszeiten und Preise unter www.seemuseum.ch

Feuerwehrmuseum

| Museum |

Im »alten Feuerwehrdepot« beim Rathaus ist eine attraktive Sammlung von Feuerwehrutensilien aus dem 19. und 20. Jh. ausgestellt. Zu sehen sind trag- und fahrbare Hand- und Motorspritzen sowie Pumpen.

■ Löwenstr. 7, Tel. 00 41/71/677 63 70, www.museums.ch/org/de/Feuerwehrmuseum, Mai–Okt. jeden 1. So/Monat 14–16 Uhr, Eintritt frei

Planetarium – Sternwarte

| Planetarium |

Sind wir allein im Weltall? Was ist mit der dunklen Materie? Was mit den schwarzen Löchern? Das erste Planetarium am Bodensee vermittelt mit Vorführungen und Vorträgen kompaktes Wissen über das Universum. Für Himmelsgucker öffnet die Sternwarte mittwochabends um 19 Uhr.

■ Breitenrainstr. 21, Tel. 00 41/71/677 38 00, www.bodensee-planetarium.ch, Mi, Sa, So 14–17 Uhr, 12 CHF, Kinder (6–14 J.) 6 CHF, bis 6 J. 3 CHF, Sternwarte 7 CHF

Gefällt Ihnen das?

Wenn Sie sich für Ferdinand Graf von Zeppelin interessieren, dann sollten Sie sich die Zeit nehmen, um **Zeppelin Museum** und **Zeppelin Denkmal** (S. 102) in Friedrichshafen zu besuchen. Sehenswert ist auch das **Steigenberger Inselhotel** (S. 70) auf der Dominikanerinsel in Konstanz, wo er am 8. Juli 1838 geboren wurde.

Fischfang vergangener Zeiten im Seemuseum Kreuzlingen

Schloss Girsberg

| Privatausstellung |

Ferdinand Adolf August Heinrich von Zeppelin wurde 1838 im heutigen Konstanzer Inselhotel geboren. Die Jugendjahre verbrachte er mit seinen Geschwistern auf Schloss Girsberg im Kreuzlinger Ortsteil Emmishofen. 1870 war Graf Zeppelin der alleinige Besitzer von Schloss Girsberg und verbrachte hier gerne die Sommermonate. Das Schloss ist heute im Privatbesitz der mit Zeppelins Erben befreundeten Familie Schmid-Andrist. In der »Kulturscheune« des Schlosses wurde zum Gedenken ein Zeppelinzimmer mit originalen Möbeln und einigen Exponaten aus dem Familienbesitz eingerichtet. Ein Puppenmuseum mit Spielzeug und Spielzeugautomaten ist hier ebenfalls untergebracht. Nur die Kulturscheune kann besichtigt werden.

■ Girsberg 390, Tel. 00 41/71/672 46 55, www.schloss-girsberg.ch, Besuch auf Anfrage

Parken

Parken mit Parktickets in CHF und Euro auf dem Open-Air-Parkplatz neben dem Kursschiffhafen an der Seestrasse in Kreuzlingen. Im Stadtzentrum zahlreiche Gratis-Kurzzeit-Parkplätze in blauen Zonen mit Parkkarten, die bei Kreuzlingen Tourismus erhältlich sind.

Restaurants

€€€ | **Schloss Seeburg** Restaurant mit gehobener Speisekarte und schöner Seeterrasse. ■ Seeweg 5, Tel. 00 41/71/688 40 40, www.schloss-seeburg.ch

In der Umgebung

Am Seerhein, in der Nachbarschaft Kreuzlingens, liegt das liebliche Gottlieben, das einen berühmten süßen Schatz anzubieten hat: die **Gottlieber Hüppen**, ein rundes, zartes und mit Creme gefülltes Waffelgebäck. Aber nicht nur das, auch nette Hotels, Einkehrmöglichkeiten, Fachwerkhäuser und das Bodman-Literaturhaus zum Andenken an den Schriftsteller Emanuel von Bodman locken viele Reisende an. Zudem wird der Ort von der Weißen Flotte angesteuert.

■ Gemeinde Gottlieben, Kirchstr. 11, Tel. 00 41/71/ 669 12 82, www.gottlieben.ch

39 Ermatingen

Entspannen, erholen und genießen stehen hier an erster Stelle

Information

■ Verkehrsbüro Ermatingen, Bahnhof, CH-8272 Ermatingen, Tel. 00 41/71/664 19 09, www.ermatingen.ch, Suchwort: Freizeit

Das malerische Fischerdorf Ermatingen besitzt den wohl luxuriösesten Reiz, den ein Ferienort zu bieten hat: Ruhe, Stille, Sonnenuntergänge, Rad- und Wanderwege in intakter Natur. Ermatingen ist ein bekanntes Weinbaugebiet. An den sanften Hängen wächst der Müller-Thurgau. Das Vinorama Museum Ermatingen bietet mit einem beschilderten Wanderweg Informationen zur Geschichte des Rebanbaus am Untersee. Schloss Wolfsberg Ermatingen hat im Schlossgarten mit seinen weiten Rasenflächen und alten Bäumen Skulpturen von Henry Moore und George Richey aufgestellt. Das Anwesen gehört der UBS AG und bietet attraktive und öffentlich zugängliche Kunst- und Kulturveranstaltungen. Ermatingen, »Erfmotinga«, datiert 724 erstmals in der Schenkungsurkunde des Dorfs an das Kloster Reichenau. In früheren Zeiten ging es hier deutlich aufregender zu, wie ein Blick in die Geschichte verrät.

Restaurants

€€€ | Restaurant Krone Fischspezialitäten und regionale Weine. ■ Untere Seestr. 3, Tel. 00 41/71/664 17 44, www.krone-ermatingen.ch

Das kleine Ermatingen liegt in der Landschaft des Untersees reizvoll eingebettet

40 Schloss Arenenberg

25 *Auf den Spuren der napoleonischen Geschichte wandeln*

Information

■ Napoleonmuseum Schloss und Park Arenenberg, Arenenbergstr. 1, CH-8268 Salenstein, Tel. 00 41/58/345 74 10, napoleon museum.tg.ch

Zwischen Ermatingen, Mannenbach und Salenstein liegt Schloss Arenenberg (Anfang 16. Jh.). Die holländische Königin Hortense de Beauharnais, Stieftochter Napoleons I., wählte es 1817 als Exilsitz. Sie gestaltete Arenenberg nach französischem Vorbild um. Nach ihrem Tod 1837 verkaufte der jüngste Sohn Louis Napoleon das Schloss, als Kaiser Napoleon III. erwarb er es 1855 wieder zurück. Seit 1906 ist Schloss Arenenberg im Besitz des Kantons Thurgau. Das darin eingerichtete »Napoleonmuseum Thurgau, Schloss und Park Arenenberg« ist Kaiser Napoleon III. gewidmet. Es präsentiert elegante Salons und Gemächer. Wunderschön gestaltete Parks und Gärten umgeben das Gebäude, in dem auch ein Bistro, ein Hotel, Tagungsräume und ein Festsaal untergebracht sind.

■ 1. April–Ende Sept. tgl. 10–17 Uhr, 15 CHF, Kinder (6–16 J.) 5 CHF

ADAC Wussten Sie schon?

Hortensien sind ein beliebter Gartenschmuck. Die prächtigen Blüten sind aber nicht, wie allgemein angenommen, nach der holländischen Königin Hortense benannt.

Nostalgische Kutschfahrt zum »Kaiserlichen Gartenfest« auf Schloss Arenenberg

41 Steckborn

Die Stadtgeschichte reicht bis ins Frühmittelalter zurück

Information

■ Steckborn Tourismus, Stadtverwaltung Seestr. 123, CH-8266 Steckborn, Tel. 00 41/58/346 20 00, www.steckborn.ch

Die idyllische frühmittelalterlich geprägte Stadt Steckborn (1313) mit ihren Wirts- und Fachwerkhäusern, dem Turmhof (14. Jh.) mit Heimatmuseum, dem Wacht- und Pulverturm und dem Alten Schloss (1451) blickt weit zurück in die Historie. Mauerreste der Stadtkirche lassen sogar auf das 9. Jh. schließen. Heute ist Steckborn ein beliebter Ferienort am Schweizer Unterseeufer.

42 Stein am Rhein

Prächtig bemalte Hausfassaden prägen das historische Stadtbild

Information

■ Tourismus Stein am Rhein, Oberstadt 3, CH-8260 Stein am Rhein, Tel. 00 41/52/632 40 32, www.tourismus.steinamrhein.ch

Das Mittelalterjuwel Stein am Rhein (urkundliche Erwähnung 1267) brilliert mit seinen vielen reich bemalten Fassaden, Erkern und lauschigen Winkeln in den Gassen und am Rathausplatz sowie mit Events und heiterer Geselligkeit. Das ehemalige Benediktinerklosters Sankt Georgen (ab 1007) präsentiert kunsthistorische Schätze wie Täfelungen, Schnitzwerk und Wandmalereien. Das Museum Lindwurm versetzt in die Welt um 1850 und stellt das Wohnen der Bürger und die Arbeit in der Landwirtschaft dar.

Sehenswert

Burg Hohenklingen

| Burg |

Das Wahrzeichen der Stadt (ca. 11. Jh.) thront hoch über Stein am Rhein. Von hier weitet sich der Blick auf Schweizer Alpen, Schwarzwald, Hegau und über die Rhein- und Seenlandschaft. Die Burg befindet sich im Privatbesitz. Bergfried, Innenhof und Laube können aber frei besichtigt werden. Eine kleine Kapelle und das Burgrestaurant laden nach dem Aufstieg (1–2 Std.) von der Altstadt zur Einkehr und zu feinen Genüssen ein.

■ Hohenklingenstr. 1, Tel. 00 41/52/741 21 37, www.burghohenklingen.com, Mai–Ende Sept. Mi–So 10–23 Uhr

Parken

SBB P+Rail Stein am Rhein, Bahnhofstr. 13, Tel. 00 41/848/44 66 88, rund um die Uhr geöffnet, gebührenpflichtig.

Restaurants

€€–€€€ | Weinstube zum Rothen Ochsen Urige Altschweizer Weinstube. Spezialität sind hausgemachtes Rösti mit Kalbsleber oder Spiegeleiern. ■ Rathauspl. 9, Tel. 00 41/52/741 23 28, www.weinstube-rotherochsen.ch

Erlebnisse

Die einzigartige Wasserlandschaft umgeben von wunderschöner Natur lässt sich auf einer **Schifffahrt** von Stein am Rhein nach Schaffhausen oder nach Konstanz genießen.

■ Tel. 00 41/52/634 08 88, www.urh.ch

In der Umgebung

Insel Werd

| Insel |

Ein Spaziergang am Rheinufer entlang (gute 30 Min.) führt von Stein am Rhein zur Insel Werd, die über eine bedeutende Vergangenheit verfügt. Erste Spuren der kleinen idyllischen Flussinsel datieren in der Zeit der bronzezeitlichen Pfahlbauten. Auch die Römer siedelten hier. Die besuchenswerte Kapelle (10. Jh.) erinnert an den Abt St. Otmar aus dem Kloster St. Gallen, der 759 hierher als politischer Gefangener zuerst verbannt und später verbrannt wurde. Ein Holzsteg führt auf die Insel. Die Wallfahrtsstätte ist kostenfrei rund um die Uhr zugänglich.

■ St. Otmar Kapelle Insel Werd, CH-8264 Eschenz, Tel. 00 41/52/741 26 62

43 Diessenhofen

Mittelalterliches Flair im »Städtli am Rhy« zum Seele-baumeln-Lassen

Information

■ Tourist-Info c/o Reisebüro Hager, Obertor 3, CH-8253 Diessenhofen, Tel. 00 41/52/657 41 37, www.diessenhofen.ch

Beschaulich liegt die historische Altstadt (1178) mit ihren engen Gassen und Häusern an der malerischen Flusslandschaft des »Rhy« (Rhein). Wahrzeichen Diessenhofens ist der Siegelturm. Die barocke Klosterkirche St. Katharinental (1734) wurde von Johann Michael Beer erbaut.

Restaurants

€€€ | **Gasthaus Schupfen** Saisonale Speisen im Fachwerkhaus (1455) oder auf der Terrasse. ■ Steinerstr. 501, Tel. 00 41/52/657 10 42, www.schupfen.ch

44 Rheinfall bei Neuhausen

10

Wasser, so weit das Auge reicht, am größten Wasserfall Europas

Information

■ Koordinierungsstelle »Rheinfall«, Schaffhauser Land Tourismus, Vordergasse 73, CH-8200 Schaffhausen, Tel. 00 41/52/632 40 20, www.rheinfall.ch

■ Schloss Laufen am Rheinfall, Rheinfallstr., CH-8447 Dachsen, Tel. 00 41/52/659 67 67, Öffnungszeiten unter www.schlosslaufen.ch, 5 CHF, Kinder (6–15 J.) 3 CHF

Welch ein grandioses, nicht enden wollendes Schauspiel bietet uns »Vater Rhein«: Als Alpenrhein fließt er aus der Schweiz in den Bodensee, wird im Konstanzer Trichter für einen kurzen Abschnitt zum Seerhein, durchläuft den Untersee, bahnt sich den Weg als Hochrhein weiter Richtung Stein am Rhein, um sich dann in einer Schleife bei Neu-

Die tosenden Wassermassen von »Vater Rhein« strotzen nur so vor Kraft

hausen seit etwa 15 000 Jahren als Rheinfall 23 Meter in die Tiefe zu stürzen. Das Spektakel mit schäumender Gischt, Donnern und Grollen lässt sich ganzjährig hautnah erleben. Am nördlichen Ufer beim Schlössli Wörth kostenfrei, am südlichen Ufer von Schloss Laufen gegen Gebühr fürs Schloss mit Historama, Panoramaweg und Aussichtsplattform über dem Wasser.

Parken

Rheinfall Parking P1, öffentlicher Parkplatz, Rheinfallquai 32, rund um die Uhr geöffnet, gebührenpflichtig.

Restaurants

€€€ | **Schlössli Wörth** Panoramarestaurant in Neuhausen am Rheinfall mit gehobener Küche. ■ Rheinfallquai 30, Tel. 00 41/52/672 18 21, www.schloessliwoerth.ch, Mi–Fr 11.30–14.30 u. 17.30–22, Sa 11.30–22, So bis 21 Uhr, Reservierung erforderlich

Erlebnisse

Umgeben von tosenden Wassermassen führt eine **Felsenfahrt** auf Aussichtsbooten ab der Schiffsanlegestelle »Schlössli Wörth« zum mittleren Rheinfelsen, der auch bestiegen werden kann. ■ Rhyfall Mändli, Rheinfallquai 30, Tel. 00 41/52/672 48 11, Touren, Preise, Abfahrtszeiten unter www.rhyfall-maendli.ch

Wandern

Der **Kleine Rheinfall Rundweg** (1 Std.) startet am Bahnhof Dachsen. Er führt über Schloss Laufen zum Rheinfall, weiter nach Nohl und von dort wieder zurück zum Ausgangspunkt.

Spektakulär ist der Blick von der Panoramaterrasse Schlössli Wörth

Übernachten

Das Angebot von Unterkünften in der Ostschweiz ist breit gefächert. Es reicht von Ferienwohnungen, Jugendherbergen, Pilgerreisestätten, Urlaub auf dem Bauernhof, Thurgauer Himmelbetten in Bubble-Hotels und Co. an wechselnden Standorten (www.himmelbett.cloud) und romantischen Jurten bei Romanshorn bis zu luxuriösen Hotels. Die Preise in bevorzugten Lagen sind in der Schweiz jedoch recht hoch.

Säntis-Schwägalp 146

€€–€€€ | Säntis – das Hotel Eingebettet in schönster Bergkulisse auf der Schwägalp übernachten. ■ Säntis-Schwebebahn AG, Tel. 00 41/71/365 65 65, www.saentisbahn.ch/hotel

Appenzell 146

€€€ | Waldgasthaus Lehmen Gemütliches Haus etwas außerhalb von Appenzell mit herzhaften Schweizer Speisen im Restaurant. ■ Triebernstr. 72, CH-9057 Weissbad, Appenzell, Tel. 00 41/71/799 13 48, www.lehmen.ch

€€€ | Panoramahotel Freudenberg Ruhig gelegenes Hotel mit Aussicht auf Appenzell. ■ Riedstr. 57, Tel. 00 41/71/787 12 40, www.hotel-freudenberg.ch

€€€ | Traube Nettes Hotel Garni mitten im Dorfkern von Appenzell. ■ Marktgasse 7, Tel. 00 41/71/787 14 07, www.traube-appenzell.ch

St. Gallen 148

€€€ | Einstein Elegantes Stadthotel. ■ Berneggstr. 2, Tel. 00 41/71/227 55 55, www.einstein.ch

€€€ | Vadian Hotel garni im Herzen der Altstadt mit modern eingerichteten Zimmern. ■ Gallusstr. 36, Tel. 00 41/71/228 18 78, www.hotel-vadian.com

Heiden 156

€€ | Hotel Park Heiden Einfach, aber zentral. ■ Seeallee 5, Tel. 00 41/71/891 11 21, www.hotelpark-heiden.ch

€€€ | Hotel Heiden Traumhafter Seeblick und Panoramahallenbad. ■ Seeallee 8, Tel. 00 41/71/898 15 15, www.hotelheiden.ch

Rorschach 157

€€€ | Bad Horn Elegantes Hotel, Spa, Seeterrasse, 2 km westlich von Rorschach. ■ Seestr. 36, CH-9326 Horn, Tel. 00 41/71/844 51 51, www.badhorn.ch

Arbon 159

€€–€€€ | Hotel WunderBar Großzügige Zimmer mit Kunstwerken an den Wänden und schönem Garten. ■ Weitegasse 8, Tel. 00 41/71/440 05 05, www.hotel-wunderbar.ch

Romanshorn 160

€€–€€€ | Parkhotel Inseli Haus mit gemütlichen Komfortzimmern in der Parkanlage des Partnerhotels Schloss Romanshorn. ■ Inselstr. 6, Tel. 00 41/71/466 88 88, hotelinseli.ch

€€€ | Schloss Romanshorn Traumhafte Uferlage, herrlicher Schlosspark.

■ Schlossbergstr. 26, Tel. 00 41/71/ 466 78 00, www.schlossromanshorn.ch

Kreuzlingen 162

€€€ | Hotel Kreuzlingen am Hafen Nur fünf Gehminuten von der Altstadt von Konstanz entfernt. ■ Seestr. 50, Tel. 00 41/71/677 88 99, www.hotel-kreuz lingen.ch

€€€ | JUCKERs Modern eingerichtetes Boutiquehotel in einem Haus von 1641. ■ Hauptstr. 96, CH-8274 Tägerwilen/ Kreuzlingen, Tel. 00 41/71/669 11 68, www. juckers-hotel.com

Schloss Arenenberg 165

€€–€€€ | Hotel Arenenberg Im Schlossgut »beim Kaiser« z. B. im Doppelzimmer Napoléon majestätisch schlummern und schlemmen. ■ Arenenberg 1, CH-8268 Salenstein, Tel. 00 41/58/345 80 00, www.arenenberg.ch

€€€ | Seehotel Mannenbach Direkt am Ufer, mit schönem Garten. ■ Seestr. 4, CH-8268 Mannenbach, Tel. 00 41/ 71/663 41 41, www.seehotel.ch

Steckborn 165

€€€ | See & Park Hotel Feldbach Moderne Zimmer im ehemaligen Kloster Feldbach (1252) am Unterseeufer, Rosengarten, weite Parkanlage und Uferpromenade. ■ Im Feldbach 10, Tel. 00 41/ 52/762 21 21, www.hotel-feldbach.ch

Stein am Rhein 166

€€€ | Rheinfels Hotel und Restaurant im Zoll- und Zunfthaus. ■ Rhigass 8, Tel. 00 41/52/741 21 44, www.rheinfels.ch

Diessenhofen 167

€€€ | Hotel Garni Adler Familiär geführtes Haus mit gemütlichen Zimmern, direkt im Zentrum gelegen. ■ Adlergässli 4, Tel. 00 41/52/742 61 61, www.adlersteinamrhein.ch

Neuhausen am Rheinfall 167

€€ | Hotel Rheinfall Einfach, nahe am Rheinfall, sehr tierfreundlich. ■ Zentralstr. 60, Tel. 00 41/52/672 88 22

ADAC Das besondere Hotel

Hotel Wunderbar »Traumröhren«
Übernachten wie Diogenes in der Tonne in Arbon neben dem Schwimmbad. Die Traumröhren sind ein witziger und aufregender Kuschelort mit komfortablen Matratzen. Ein Fenster lässt Frischluft rein, und durch eine kleine Luke am Kopfende blickt man in den Hotelgarten. Ein Bad befindet sich auf dem Flur des Hotels.
€€ | Weitegasse 8, CH-9320 Arbon, Tel. 00 41/71/440 05 05, www.hotel-wunderbar.ch

»Yes we camp! Europa«. Für Camping-Einsteiger und Wiederholungstäter, die keine Animationsprogramme, dafür viel Natur und authentische Erlebnisse suchen. Die Plätze liegen ganz nah an **Natur- und Kulturhighlights**: hübsche Orte, großartige Landschaften, Sportmöglichkeiten und vieles mehr.
So einfach, so schön!

Jetzt überall, wo es Bücher gibt, oder online bestellen.

PIN CAMP

powered by ADAC

ADAC Service Bodensee

Beim **ADAC Info-Service**, in den **ADAC Geschäftsstellen** sowie auf dem **Internetportal des ADAC** (adac.de) erhalten Sie Informationen zu den Dienstleistungen des Automobilclubs und zu Ihrem Reiseziel. So können Sie sich von der **ADAC Trips App** (adac.de/services/apps/trips) via Smartphone oder Tablet-PC inspirieren lassen oder als **ADAC Mitglied** das kostenlose **ADAC Tourset® Bodensee/Allgäu** (adac.de/reise-freizeit/reiseplanung/tourset) mit vielen Reiseinfos und Karten anfordern. Bei Pannen und Notfällen steht Ihnen unser Team rund um die Uhr telefonisch und digital (adac.de/hilfe und ADAC Pannenhilfe App) zur Verfügung.

ADAC Info-Service

T 089 558 95 96 97
Infos zu allen ADAC Leistungen
(Mo–Sa 8–20 Uhr gebührenfrei)

ADAC Pannenhilfe Deutschland

T 089 20 20 40 00, Mobil 22 22 22
(Verbindungskosten je nach Netzbetreiber/Provider)

ADAC Ambulanzdienst

T 089 76 76 76
(Erkrankung, Unfall, Verletzung, Transportfragen, Todesfall)

ADAC Pannenhilfe Ausland

T +49 89 22 22 22
(Verbindungskosten je nach Netzbetreiber/Provider)

Online-Angebote des ADAC für Ihre Reiseplanung

Service	Webadresse
Reiseinspirationen, -planung und -hinweise	adac.de/reise-freizeit/reiseplanung
Aktuelle Verkehrslage	adac.de/verkehr
Individuelle Routenplanung	adac.de/maps
Infos zu Tankstellen und Spritpreisen	adac.de/tanken
Infos zu mautpflichtigen Strecken	adac.de/mautportal
Infos zu Fährverbindungen	adac.de/faehren
Aktuelle Infos vor Reiseantritt	adac.de/tourmail
Informationen für Camper	adac.de/camping
Informationen für Motorrad- und Oldtimerfahrer	adac.de/reise-freizeit/reisen-motorrad-oldtimer
Informationen für Segler und Skipper	skipper.adac.de
ADAC Reiseangebote	adacreisen.de
ADAC Autovermietung	adac.de/autovermietung
ADAC Versicherungen für den Urlaub	adac.de/versicherungen
Weltweite Preisvorteile für ADAC Mitglieder	adac.de/vorteile-international
Telemedizinische Beratung	adac.de/meinmedical

Diese **Produkte des ADAC** könnten Sie interessieren: **ADAC Reiseführer Allgäu, ADAC Reiseführer Schwarzwald**, **ADAC Reiseführer Schweiz** und **ADAC Campingführer** – erhältlich im Buchhandel, bei den ADAC Geschäftsstellen und in unserem ADAC Online-Shop (adac.de/shop).

Anreise und Einreise

Auto

Aus **Deutschland** fährt man mit dem Auto über Ulm entweder auf der **A 7** oder **B 30** nach **Friedrichshafen** bzw. auf der **A 7** nach Memmingen und **A 96** Richtung **Lindau** und **Bregenz**. Auch von München aus fährt man über die **A 96** an den bayerischen und österreichischen Bodensee. Von Stuttgart führt die **A 81** nach **Singen**. Beim Autobahnkreuz Hegau geht's auf der **A 81** nach **Schaffhausen**, die **A 98** zweigt **Richtung Stockach** ab zur Fahrt auf der **B 31** nach **Überlingen** und bis **Lindau**. **Konstanz** erreicht man vom Kreuz Hegau auf der **B 33**.

In der **Schweiz** führt die **N 1** von Zürich über Winterthur und **St. Gallen** nach **St. Margrethen**. Nach **Kreuzlingen** und **Konstanz** zweigt die N 7 in Winterthur ab.

Aus **Österreich** kommt man von Tirol aus durch den **Arlbergtunnel** an den Bodensee. In **Bregenz** besteht Anschluss an die deutsche Autobahn.

Auf der **N 13** geht es von Liechtenstein am Rhein entlang an den Bodensee.

Bahn

Drei deutsche **ECs** fahren nach Bregenz, Konstanz und Friedrichshafen. In Stuttgart und Ulm kann man vom ICE umsteigen und so langsamer und günstiger Friedrichshafen, Lindau, Bregenz, Dornbirn und Hohenems ansteuern. Ein EC fährt auch von München nach Lindau, Bregenz und St. Gallen und über Feldkirch nach Liechtenstein.

Bus

Auch mit dem **Fernreisebus** können Konstanz, Überlingen, Meersburg, Hagnau, Immenstaad, Friedrichshafen, Lindau und Bregenz günstig und komfortabel erreicht werden.

Flugzeug

Die nächstgelegenen internationalen Flughäfen sind in **Zürich**, **Friedrichshafen** und **St. Gallen-Altenrhein** zu finden.

Einreise und Dokumente

In der Grenzregion Bodensee führen Reisende ihren **Personalausweis** oder gültigen **Reisepass** ständig mit sich. Kinder bis 16 Jahre benötigen einen gültigen Kinderreisepass.

Schweiz: Einreise mit gültigem Reisepass, für Aufenthalte über drei Monate wird ein Visum benötigt. Reisende aus der EU können auch mit einem Personalausweis einreisen.

Liechtenstein: Zwischen Liechtenstein und der Schweiz bestehen keine Grenzkontrollen. Die Einreisebedingungen sind die gleichen wie für die Schweiz.

Deutschland: Angehörige anderer EU-Staaten und der Schweiz benötigen zur Einreise in die Bundesrepublik Deutschland kein Visum. Alle übrigen Ausländer sind für Aufenthalte in Deutschland grundsätzlich visumpflichtig, sofern die Visumspflicht nicht von der Europäischen Gemeinschaft aufgehoben wurde.

Österreich: Staatsangehörige aller Nachbarstaaten von Österreich, jene der EU-Mitgliedstaaten und zahlreicher weiterer Staaten (z. B. Australien, Israel, Japan, Kanada, Neuseeland, Vereinigte Staaten etc.) benötigen für die Einreise nach Österreich kein Visum. Für Angehörige aller anderen Staaten ist ein österreichischer Sichtvermerk erforderlich.

Auto und Straßenverkehr

Führerschein und Papiere

Autofahrer benötigen einen **Führerschein** und die **Zulassungsbescheinigung** für ihr Fahrzeug.

Straßennetz und Sicherheit

Die Vierländerregion Bodensee ist bestens vernetzt. Vor allem während der Hauptreisezeit empfiehlt sich wegen des hohen Verkehrsaufkommens auf allen Straßen eine umsichtige, defensive Fahrweise.

Verkehrsvorschriften

Verkehrs- und Parksünder erhalten in Österreich, der Schweiz und in Liechtenstein hohe Strafen.

Deutschland
Tempolimit: innerorts 50, Landstraße 100, Autobahn Richtgeschwindigkeit 130 km/h. **Gurtpflicht**: ja. **Promillegrenze**: 0,5 Promille

Österreich
Tempolimit: Pkw, Motorräder, Wohnmobile bis 3,5 t, innerorts 50, außerorts 100, auf Autobahnen 130 (22–5 Uhr 110) km/h. **Überholverbot**: 80 m vor und nach Bahnübergängen, Schulbusse mit eingeschalteten Warnleuchten. **Halte- und Parkverbot**: bei gelben Zickzacklinien und auf Privatgrund. **Gurtpflicht**: ja. **Tragen einer Warnweste:** beim Verlassen von Fahrzeugen im Falle einer Panne oder eines Unfalls außerhalb geschlossener Ortschaften. **Winterreifen** (Mindestprofiltiefe 4 mm): bei winterlichen Straßenverhältnissen zwischen dem 1. Nov. und 15. April vorgeschrieben. Ganzjahresreifen mit M+S-Kennzeichnung werden als Winterreifen anerkannt. **Promillegrenze**: 0,5 Promille, bis zwei Jahre nach Führerscheinerwerb 0,1 Promille. **Helmpflicht**: für Kinder unter 12 J. beim Radfahren

Schweiz und Liechtenstein
Tempolimit: Pkw, Motorräder, Wohnmobile bis 3,5 t, innerorts 50, außerorts 80, auf Schnellstraßen 100, auf Autobahnen 120 km/h. **Fahren mit Abblendlicht**: ganzjährig 24 Std. Pflicht auf allen Straßen für alle Fahrzeuge. **Gurtpflicht**: ja. **Bergstraßen**: Aufwärtsfahrende Fahrzeuge haben Vorrang. **Parkverbot**: bei gelben Kreuzen am Fahrbahnrand, die mit einer gelben Linie verbunden sind. **Parken in »Blauen Zonen«**: nur mit Parkscheibe. **Halteverbot**: an gelben Linien am Fahrbahnrand. **Telefonieren am Steuer**: nur mit Freisprecheinrichtung. **Promillegrenze**: 0,5 Promille, bis drei Jahre nach Führerscheinerwerb 0,1 Promille. **Promillegrenze Liechtenstein**: 0,8 Promille

Maut

Die **österreichischen** und **Schweizer Autobahnen** sind **gebührenpflichtig**. **Vignetten** mit verschiedener Gültigkeitsdauer können in **Postämtern** und **Tankstellen** sowie beim **ADAC** in Geschäftsstellen oder im Internet unter adac-shop.de/vignetten erworben werden. Die »Pickerl« sind fest anzubringen. **Liechtenstein** erhebt **keine Maut**. Pläne für eine Pkw-Maut in Deutschland wurden fallen gelassen.

Kinder im Auto

In Deutschland, Österreich, der Schweiz und Liechtenstein müssen Kinder unter 150 cm Körpergröße in geprüften Kinderrückhaltevorrichtungen sitzen – in Deutschland und in der Schweiz bis 12 Jahre, in Liechtenstein und Österreich sogar bis 14 Jahre.

Unfall
Nach einem Unfall sofort anhalten und eine reflektierende Warnweste beim Verlassen des Fahrzeugs anlegen, was außerhalb geschlossener Ortschaften Pflicht ist. Die **Unfallstelle** umgehend mit einem Warndreieck absichern und Erste Hilfe leisten. Bei **Personenschaden** zwingend die Polizei verständigen (Notruf: 112). **ADAC Pannenhilfe:** Tel. 089/20 20 4000 (Deutschland), Tel. 00 49/89/22 22 22 (Ausland).
Kennzeichen, Name und Anschrift von Fahrern und Haltern der beteiligten Fahrzeuge sowie deren Haftpflichtversicherung und **Versicherungsnummer** notieren. Namen von (möglichst neutralen) **Unfallzeugen** festhalten und Unfallstelle fotografieren. Keine fremdsprachigen Schriftstücke unterzeichnen, deren Inhalt unverständlich ist. Lassen Sie sich bei Problemen vom ADAC beraten (Tel. 0 800/510 11 12).
Ihre **Schadensersatzansprüche** können Sie direkt bei der gegnerischen Versicherung oder über einen **Regulierungsbeauftragten** in Deutschland geltend machen, der vom **Zentralruf der Autoversicherer** vermittelt wird.

Zentralruf der Autoversicherer Auskunftsstelle/GDV
■ Glockengießerwall 1, 20095 Hamburg, Tel. 0 800/250 26 00, 00 49/403 00 33 03 00, www.gdv-dl.de

Parken
Informationen zu Parkplätzen in den einzelnen Städten finden Sie im Reiseführer jeweils in der Rubrik »Parken«.

Barrierefreies Reisen

Reisende mit Behinderung sind in der Vierländerregion willkommen. Eine Liste zertifizierter Unterkünfte nach DIN finden Sie unter www.bodenseeurlaub.de/behindert.htm, weitere Tipps unter www.bodensee.travel/bodenseeurlaub-mit-behinderung.html. Über Barrierefreiheit auf den Schiffen der Bodensee-Schiffsbetriebe informiert www.bsb.de/de/barrierefreiheit.html

Feiertage

Neujahr (D, A, CH, LI), Heilige Drei Könige (6. Jan., D, A, LI), Mariä Lichtmess (2. Feb., LI), Karfreitag/Ostermontag (D, A, CH, LI), Tag der Arbeit (1. Mai, D, A, LI), Christi Himmelfahrt (D, A, CH, LI), Pfingstmontag (D, A, CH, LI), Fronleichnam (D (BW/BY), LI), Schweizer Nationalfeiertag (1. Aug., CH), Staatsfeiertag Liechtenstein (15. Aug., LI), Mariä Himmelfahrt (15. Aug., D (BY), A, LI), Mariä Geburt (8. Sept., LI), Eidgenössischer Buß- und Bettag (16. Sept., CH), Tag der Deutschen Einheit (3. Okt., D), Nationalfeiertag Österreich (26. Okt., A), Allerheiligen (1. Nov., D (BW/BY), A, LI), Mariä Empfängnis (8. Dez., A, LI), Weihnachten (25./26. Dez., D, A, CH, LI)

Geld und Währung

In **Österreich** wie in **Deutschland** gilt der **Euro (EUR)**. Zahlungsmittel in der **Schweiz** und in **Liechtenstein** ist der **Schweizer Franken (CHF)**. In der Schweiz und in Liechtenstein werden **Euros** nahezu **flächendeckend akzeptiert**. Geldbeträge ab 10 000 Euro pro Person oder in entsprechender Fremdwährung müssen bei der Ein- und Ausreise in der EU deklariert werden. Die Hotels, Restaurants und Geschäfte akzeptieren in der Regel gängige **Kreditkarten**. Cash gibt's überall an **EC-Geldautomaten**.

Die **Banköffnungszeiten** in **Deutschland** sind Mo–Fr 9–13 und 14–16, Do bis 18, in **Österreich** Mo–Fr 8.30–12.30 und 14–16, in der **Schweiz** und in **Liechtenstein** Mo–Fr 8.30–16.30 Uhr.

Preise

Die Preise in der Bodenseeregion variieren stark, am See sind sie höher als im Hinterland, besonders für Übernachtung in Hotels und Ferienwohnungen. Die Preise in der Schweiz und in Liechtenstein liegen durch die Umrechnung von Schweizer Franken in Euro etwas höher. Währungsumrechnung unter finanzen.net/waehrungsrechner

Kosten im Urlaub

(durchschnittliches Preisniveau)

Milchkaffee	4,20 €
Stück Torte	4 €
Softdrink (Limonade)	2,90–3,90 €
Glas Wein (0,2 Liter)	4,90–6,90 €
Schweizer Wurstsalat	9,30 €
Hauptgericht (Restaurant)	15–35 €

Gesundheit

Eine **Impfung gegen FSME** wird empfohlen, weil die Bodenseeregion ein **Zecken-Risikogebiet** ist. Auch die gefährliche **Borreliose** kann man sich im Bodenseeraum durch Zeckenbisse zuziehen, dagegen gibt es keine Impfung. Nach Aufenthalt im Freien den ganzen Körper gründlich absuchen. Festsitzende Zecken rasch mit Pinzette oder Fingernägeln so nah wie möglich an der Haut zu fassen bekommen und entfernen, ohne sie zu quetschen. Treten Rötungen auf, zum Arzt gehen.

Die medizinische Versorgung rund um den See ist sehr gut. Innerhalb der EU und in der Schweiz werden Notfälle nach Vorlage der **Europäischen Krankenversicherungskarte** kostenlos behandelt. Eventuell höher anfallende Kosten, die sich aus unterschiedlichen Abrechnungstarifen in Deutschland, Österreich und der Schweiz ergeben, müssen Reisende selbst bezahlen. Empfohlen wird daher der Abschluss einer privaten **Auslandsreisekrankenversicherung** mit Krankenrücktransport. Reisende nach Liechtenstein benötigen eine international gültige Krankenversicherung.

Haustiere

Im **EU-Heimtierausweis** muss die Kennzeichnung des Tieres (durch Mikrochip oder Tätowierung) und eine gültige **Tollwutimpfung** (Erstimpfung mindestens 21 Tage vor Grenzübertritt) eingetragen sein. Die Leinen- und Maulkorbpflicht in Österreich ist für Hunde unterschiedlich geregelt. Eine Leine und ein Maulkorb sollten unbedingt für den Bedarfsfall mitgenommen werden. Österreich und die Schweiz fordern zwingend, dass Welpen bis 56 Tage von ihrer Mutter, die alle Einreiseanforderungen erfüllt, begleitet werden müssen.

Information

Die Kontakte zu den **Tourist-Informationen** sind im Haupttext jeweils zu Beginn der Städte und Orte angegeben. Weitere übergeordnete Informationen liegen bereit bei:

Büro der Internationalen Bodensee Tourismus GmbH

■ Hafenstrasse 6, 78462 Konstanz, Tel. 075 31/90 94 30, www.bodensee.eu

Klima und beste Reisezeit

Die Bodenseeregion kann zu **jeder Jahreszeit** besucht werden. Die Sommermonate sind die **beliebteste Reisezeit** – **Mai bis September** ist **Hochsaison**. Das Klima ist mild mit **warmen Sommern** und **gemäßigten Wintern**. In den Wintermonaten ist um den See herum **seltener Frostgefahr**, aber es kommt häufig zu dichter **Nebelbildung**. Bei **Föhneinbruch** in den Alpen kommt es im Sommer oft zu Wetterwechseln mit **starken Gewittern** und **heftigen Stürmen**. Auf dem Bodensee können dann hohe Wellen entstehen. Die **Wassertemperaturen** in den Sommermonaten liegen um 20 °C. Regenkleidung, ein Schirm, festes (Wander-) Schuhwerk und ein Pulli oder eine Strickjacke sollten im Reisegepäck nicht fehlen, denn auch gerade in den Bergen kann das Wetter plötzlich umschlagen.

Klimatabelle mit Wassertemperatur

Monat	Luft (°C) (min./max.)	Sonne (h/Tag)	Regentage	Wasser (°C)
Jan.	–2/2	1	10	4
Feb.	–1/4	3	9	3
März	1/9	4	10	4
April	4/14	5	11	7
Mai	8/18	6	13	12
Juni	11/30+	7	12	17
Juli	13/30+	8	12	19
Aug.	13/30+	7	12	19
Sept.	11/20	6	8	17
Okt.	7/14	3	8	13
Nov.	2/7	2	10	9
Dez.	–1/3	1	10	5

Nachtleben

Kneipen, Bars, Nachtclubs und Discos am See findet man z. B. in Konstanz, den Messestädten **Friedrichshafen**, **Dornbirn** und **St. Gallen**. In **Lindau**, **Bregenz**, **Liechtenstein**, **St. Gallen** und **Konstanz** gibt es **Spielbanken**. Wenige ausgewählte Hinweise zum Nachtleben und Ausgehmöglichkeiten in den einzelnen Städten finden Sie im Reiseführer jeweils unter der Rubrik »Kneipen, Bars und Clubs«.

Notfall

Um bei den häufig und schnell aufkommenden **Stürmen** möglichst **Seenotfälle** auf dem Bodensee zu vermeiden, warnen **Blinkfeuer** rund um den See zunächst in langsamem und bei akut werdender Gefahr in schnellerem Takt. Damit wird Wasserfahrzeugen wie **Segel- und Motorbooten** oder **Kanufahrern** signalisiert, so rasch wie möglich **den nächsten Hafen anzusteuern**.

Wählen Sie in Notfällen immer die gebührenfreie europäische **Notrufnummer 112**. Unter dieser Nummer erhalten Sie Hilfe von der **Polizei**, der **Feuerwehr**, einem Rettungswagen oder einem **Notarzt**. Rufen Sie in medizinischen Notfällen immer zuerst die Notrufnummer 112 an. Fahren Sie nicht selbstständig zu einer **Arztpraxis** oder einer **Notaufnahme**, da Sie dort eventuell nicht richtig behandelt werden können. Über die Notrufzentrale erhalten Sie exakte **Anweisungen**, wie Sie sich im **Ernstfall** zu verhalten haben.

ADAC Mitglieder können sich in Notfällen auch rund um die Uhr an die **Pannenhilfe** (Deutschland Tel. 089/ 20 20 4000, Ausland Tel. 00 49/89/ 22 22 22) oder den **Ambulanzdienst**

Festivals und Events

Februar

Alemannische Fasnacht – jahrhundertealtes Brauchtum rund um den See.

Mai

Internationale Bodenseewoche Konstanz – Wassersport hautnah erleben (www.internationale-bodenseewoche.com).

Mai/Juni

Internationales Bodenseefestival – Kulturfestival in D, A, CH mit Orchester-, Kammer- und Orgelkonzerten, Theater, Ballett und Literatur (www.bodenseefestival.de).

Blütenzauber der Bodenseegärten – Gartenevents an vielen Orten rund um den See (www.boden seegaerten.eu)

Mai–September

Schubertiade – Schubert-Festival in Hohenems und Schwarzenberg (www.schubertiade.at).

Juli

Seehasenfest Friedrichshafen – Kinder- und Heimatfest mit Großfeuerwerk (www.seehasenfest.de).

Kulturfestival St. Gallen – Pop, Electro, Rock, Folk, Electronic und mehr im Innenhof des Völkerkundemuseums (www.kulturfestival.ch).

Juli/August

Bregenzer Festspiele – Kulturfestival mit Spiel auf dem See (www.bregenzerfestspiele.com).

Kulturufer – Musik, Theater, Kabarett und Budenzauber unter freiem Himmel und in Zirkuszelten (www.kulturufer.de).

August

Seenachtfest Konstanz – Fest der Musik, Farben und Lichter (www.seenachtfest.de).

Liechtensteiner Staatsfeiertag – Volksfest am 15. Aug. mit Klangfeuerwerk (www.staatsfeiertag.li).

August/September

Sandskulpturen Festival Rorschach – Sandmonumente im XXL-Format (www.sandskulpturen.ch).

September

Kaiserliches Gartenfest Schloss Arenenberg – Gartentag mit Besichtigungen und Kutschfahrten (www.napoleonmuseum.ch).

September/Oktober

Deutsch-Schweizer Oktoberfest – Festzeltparty am Bodensee in Konstanz und Kreuzlingen (www.oktoberfest-konstanz.com).

November/Dezember

Advents- und Weihnachtsmärkte – stimmungsvoll in vier Ländern (www.bodensee.eu/weihnachtsmaerkte).

des **ADAC**, Tel. 00 49/89/76 76 76, wenden. Bei Bedarf werden auch **Dolmetscher** vermittelt.

In vielen öffentlichen Gebäuden sowie an belebten Plätzen befinden sich mittlerweile **Defibrillatoren**, die schon beim allerersten Auftreten Herzrhythmusstörungen beenden können. Sie sind entsprechend gekennzeichnet und zur Anwendung durch medizinische Laien vorgesehen.

Notrufe:
Deutschland: Polizei 110, Feuerwehr | Rettungsdienst 112
Österreich: Polizei 133 | Feuerwehr 122 | Rettung 144
Schweiz, Liechtenstein: Polizei 117 | Feuerwehr 118 | Rettung 144 | allg. 112

Öffnungszeiten

Im Bodenseegebiet in **Deutschland** sind **kleinere Geschäfte** in der Regel Mo–Fr 8 bzw. 9–18, Sa bis 13 bzw. 14 Uhr geöffnet (mitunter haben diese Geschäfte 1–2 Std. Mittagspause). Bei **Discountern** kann Mo–Sa sogar bis 24 Uhr eingekauft werden.

Die gesetzlich erlaubten Öffnungszeiten in **Österreich** sind Mo–Fr 6–19.30 (in Tourismuszentren bis 21), Sa bis 17, in Tourismuszentren bis 23 Uhr. **Geschäfte** in der **Schweiz** öffnen meist Mo–Fr 8 bzw. 8.30–18.30, Sa bis 17 Uhr (mitunter Mittagspause 12–14 Uhr), Do oder Fr schließen viele **große Supermärkte** und **Kaufhäuser** erst um 20 Uhr.

Geschäfte in **Liechtenstein** öffnen Mo–Fr 8–12 und 13.30–18.30 und Sa 8–16 Uhr.

Postämter in der Vierländerregion sind in der Regel Mo–Fr 8–12 und 15–17, Sa bis 12 Uhr geöffnet.

Rauchen und Alkohol

In der Schweiz, in Liechtenstein, Österreich und Deutschland ist das **Rauchen** in Gaststätten, öffentlichen Gebäuden und Verkehrsmitteln **verboten**.

Das **Mindestalter** für den Kauf von **leichten alkoholischen Getränken** wie Wein, Bier und Sekt ist in allen vier Ländern **16 Jahre**, für hochprozentigen **Alkohol 18 Jahre**. Für den Kauf von **Tabak** gilt generell ein Mindestalter von **18 Jahren**.

Seefahrzeuge

Das Führen eines Boots mit Maschinenantrieb über 4,4 kW und eines Seglers mit mehr als 12 m² Segelfläche ist nur mit **Bodenseeschifferpatent** erlaubt. Ein normales Motorboot bis zu 6 PS ist führerscheinfrei.

Urlauber aus einem Bodensee-Uferstaat (Deutschland, Österreich und der Schweiz) können mit einem Befähigungsnachweis dieser Staaten (Bootsführerschein Segeln und/oder Motor) auch am Bodensee ein Schiff führen oder chartern. Dazu müssen Sie vorher einen Antrag auf ein Ferienpatent beim zuständigen Amt stellen. Viele Vercharterer erledigen diese Formalitäten. Bei einem eigenen Boot müssen Sie sich selbst darum kümmern. Zuständig sind die Schifffahrtsämter Konstanz, Friedrichshafen (Bodenseekreis) und Lindau.

Es gibt 123 Slippanlagen und 42 Bootskräne rund um den Bodensee. Falls Sie mit einem eigenen Boot anreisen, sollten Sie besser schon im Vorfeld klären, ob es möglich ist, am Anreisetag im gewünschten Hafen oder vom Campingplatz aus Ihr Boot ins Wasser zu lassen.

Sicherheit

Die Vierländerregion gilt als sicheres Reiseziel. Dennoch sollte man Wertgegenstände und wichtige Papiere lieber im Hotelsafe verstauen und nicht im Auto liegen lassen.
Sperrnotruf für EC- und Kreditkarten: Tel. 00 49/11 61 16, Mobil-Kurzwahl: 11 61 16, www.sperr-notruf.de, Kontonummer, Bankleitzahl bzw. IBAN angeben.

Souvenirs

Gefragte Souvenirs sind **Liechtensteiner Keramik**, **Uhren**, **Schmuck**, **St. Galler Stickereien** oder extravagante **Mainauer Hüte** von Gräfin Diana Bernadotte. **Käsespezialitäten** aus dem Allgäu, Vorarlberg und dem Appenzellerland sind ebenfalls begehrt, ebenso **Schokolade** aus der Schweiz wie **St. Galler Pralinen** und **Zartwaffeln aus Gottlieben**, die berühmten »Gottlieber Hüppen«. Aus Friedrichshafen bringt man gern **Zeppelin-Souvenirs** z. B. aus dem Zeppelin-Museumsshop mit. Souvenirgeschäfte in Liechtenstein haben das ganze Jahr über geöffnet, auch an Sonn- und Feiertagen. Tourist-Informationsbüros setzen dort den beliebten Souvenirstempel in den Pass.

Sport

Ob Radeln, Wandern, Angeln, Drachenfliegen, Golfen, Reiten, Rudern, Schwimmen, Segeln, Surfen, Tauchen, Tennis, Wandern – in der Bodenseeregion kann fast jede Sportart ausgeübt werden.

Radfahren

Die Fahrradwege um den Bodensee herum sind bestens ausgeschildert. Der **Bodensee-Radweg** misst 260 km, unter www.bodensee.eu findet man den Tourenverlauf in fünf Etappen. Fähren und Schiffe transportieren Fahrräder, die man fast überall an Bahnhöfen, Tourist-Infos, in Hotels und Fahrradläden ausleihen kann. Die **Radweg-Reisen GmbH** (Tel. 075 31/81 99 30, www.bodensee-radweg.com) transportiert das Gepäck bequem zum Zielort und bietet auch komfortable Radl-Reisen an. Weitere Informationen unter www.bodensee.eu oder www.radweg-reisen.com

Baden am Bodensee

Einen Überblick zu den **Badeplätzen** der zahlreichen Frei- und (Natur-) Strandbäder rund um den Bodensee bietet das Portal www.bodensee.eu

Wandern

Die wechselvollen Landschaften machen den Bodensee in allen Jahreszeiten zu einem Traumziel für Wanderer. Besonders schöne und auch anspruchsvolle Routen auf **Höhenwegen** führen durch die Berglandschaften in Liechtenstein, im Bregenzer Wald und in der Schweizer Bodenseeregion. Am Nordufer bezaubern Wanderwege mit Blick auf das **Alpenpanorama**. Im Sommer Sonnencreme und genug Flüssigkeit sowie eine winddichte Jacke einpacken. Feste **Wanderschuhe** sind zu empfehlen. Über den Wanderurlaub in der Vierländerregion Bodensee mit **Tourenbeschreibungen** und zahlreichen Tipps informiert umfassend www.bodensee.eu

Wassersport

Tauchen, Surfen, Kanu, Wasserski oder Wakeboard fahren – das Wassersportangebot am Bodensee ist breit gefächert. Bei **Segeltörns** oder **Motorbootfahrten** zeigt der Bodensee seine wahre Größe und Schönheit. Voraussetzung für die Charter eines Bootes ist das **Bodenseeschifferpatent** bzw. **Ferienpatent** – oder man macht einen Kurs bei einer der Segel- und Motorbootschulen am See. Ruder- und Tretboote sind ebenfalls bei vielen Verleihstellen erhältlich. Hilfreiche Tipps sind unter www.bodensee.eu zu finden.

Wintersport

Die Vierländerregion Bodensee bietet Skiurlaubern erstklassige **Langlauf-** oder **Alpinstrecken**, Snowboardern und Tourengängern traumhafte Routen. Ein schneesicheres und malerisches **Skigebiet** mit 23 km Pisten befindet sich in **Malbun** im Fürstentum Liechtenstein. Auch für Rodler, Langläufer und Winterwanderer ist Liechtenstein ein ideales Wintersportrevier. Schöne Skigebiete in Vorarlberg sind das **Bödele** und der **Pfänder** bei Bregenz. Skischulen und Skiverleih sind obligatorisch. Eine Attraktion nicht nur für Kinder sind auch die **Eislaufbahnen** zur Zeit der Weihnachtsmärkte.

Sprache

Im gesamten Bodenseeraum wird Deutsch gesprochen, Schriftsprache ist Hochdeutsch. Die Dialekte sind teils stark ausgeprägt wie z. B. Schwäbisch, das Schweizerdeutsch oder das Alemannische in Liechtenstein.

Strom und Steckdose

Das **Stromnetz** in **Deutschland** und in **Österreich** wird mit **220 Volt** betrieben. In die Steckdosen passen normale **Euro-** und **Schukostecker**.

In der **Schweiz** und in **Liechtenstein** braucht man als ausländischer Reisender einen **Reisestecker** oder **Reiseadapter** für **Stecker des Typs J**, der recht häufig vorzufinden ist.

Telefon und Internet

Nachrichten abrufen, chatten, Filme sehen, skypen, E-Mails checken, shoppen und vieles mehr: Gäste im Allgemeinen sind auch in den Ferien online und erwarten **kostenlose Hotspots**. In der Vierländerregion haben sich viele Hoteliers darauf eingestellt und bieten **WLAN**-Verbindungen an. In abgelegenen Bergregionen kann es vorkommen, dass kein Netz vorhanden ist.
Für das Telefonieren, SMS-Senden und Internetsurfen in allen **EU-Ländern** sowie in **Liechtenstein** fallen seit dem 15. Juni 2017 für Mobilfunkteilnehmer, die sich unterwegs in ein fremdes Netzwerk einwählen, **keine Roaminggebühren** mehr an. In der **Schweiz** gilt diese Neuregelung nicht, da die Eidgenossen kein Mitglied in der Europäischen Wirtschaftsunion sind. Hier fallen für das Surfen und Telefonieren mit ausländischen Mobiltelefonen weiterhin **Gebühren** an.

Internationale Vorwahlen:

- Deutschland 00 49
- Österreich 00 43
- Schweiz 00 41
- Liechtenstein 00 423

Trinkgeld

Trinkgeld kann, muss man aber nicht geben. Wer mit dem **Service** zufrieden ist, sollte das aber durchaus honorieren. und zahlt bis zu 10 % plus oder lässt das Wechselgeld liegen.

Unterkunft und Hotels

Camping

Um den Bodensee herum liegen viele bestens ausgestattete **Campingplätze** in idyllischer Lage. Umfangreiche Informationen mit Bewertungen bieten das Onlineportal pincamp.de, der jährlich aktualisierte **ADAC Campingführer** sowie der **ADAC Stellplatzführer**. Die Inhalte gibt es auch als App für iPhone, iPad und Android in den Appstores von Apple und Google.

Hotels, Pensionen und Ferienwohnungen

Etwa 50 000 Gästebetten gibt es rund um den Bodensee. Die Auswahl ist groß und vielseitig, das Niveau hoch – auch was die Preise betrifft. In diesem Reiseführer sind wenige ausgewählte Hoteltipps in besonders attraktiven Lagen am Ende der Unterwegs-Kapitel aufgeführt. Über das riesige Angebot an Übernachtungsmöglichkeiten in **Hotels**, **Gästehäusern**, **Privatzimmern**, **Ferienwohnungen** und **Ferienhäusern** informieren die Tourist-Informationen. Im Web kann man sich unter www.bodensee.eu über Unterkünfte in Deutschland, Österreich und der Schweiz orientieren. Für Liechtenstein findet man Informationen unter www.liechtenstein.li. Außerhalb der Hauptreisezeit und im Winterhalbjahr gibt es günstige Pauschalangebote.

Jugendherbergen

Jugendherbergen gibt es in Bregenz, Friedrichshafen, Konstanz, Ravensburg, Singen, Überlingen, Lindau, Bregenz, Hard, Kreuzlingen, Romanshorn, Rorschach, St. Gallen und Stein am Rhein (www.bodensee-top-sites.de/jugendherbergen).

Verkehrsmittel

Bahn

Ravensburg und Friedrichshafen verbindet die **BOB** (Bodensee-Oberschwaben-Bahn, www.bob-fn.de). Am Nordufer fährt die **Bodensee-Gürtelbahn** der Deutschen Bundesbahn zu den Städten Singen, Radolfzell, Überlingen, Salem, Bermatingen, Markdorf, Friedrichshafen und Lindau. Von Bregenz gelangt man per Bahn nach Dornbirn und Hohenems. Zwischen Engen und Konstanz rollt der **Seehas** alle 30 Minuten (www.sbb-deutschland.de). Nach St. Gallen oder Schaffhausen geht's mit der **Regionalbahn Thurbo** (www.thurbo.ch). Zwischen Blumberg und Weizen schlängelt sich außerdem ein historischer Dampfzug, liebevoll **»Sauschwänzlebahn«** genannt (www.sauschwaenzlebahn.de). Die Tageskarte **Bodensee Ticket** (www.bodensee-ticket.com) gilt für Bus, Bahn und Fähre. Das Ticket ist in Deutschland, Österreich und in der Schweiz gültig, jedoch nicht in Liechtenstein. Vergünstigungen bei Seilbahnen und Museen gibt es nicht. Das Ticket kann auch als 1- oder 3-Tage-Pass gekauft werden.

Bus

In der Schweiz und in Liechtenstein (www.liemobil.li) ist das Busnetz wie auch am deutschen Ufer sehr dicht. Fahrpläne für den **bodo-Verkehrsverbund** findet man unter www.bodo.de, für den **Südbadenbus** unter www.suedbadenbus.de und bei der Deutschen Bahn die **Städteschnellbusse** Ravensburg–KN und Friedrichshafen–KN, die mehrmals täglich die Seeufer schnell und sehr preiswert verbinden. In Vorarlberg fährt der **Landbus Bregenzerwald** (www.vmobil.at).

Fähren und Schiffe

Die **Autofähre** zwischen **Friedrichshafen** und **Romanshorn** (12,5 km, www.bsb.de/bodensee-faehre) benötigt für die Strecke 40 Minuten. Sie fährt ganzjährig im Stundentakt, aber nur am Tag. Die Autofährfahrt zwischen **Konstanz** und **Meersburg** (www.stadtwerke-konstanz.de/Schifffahrt) dauert nur eine Viertelstunde. Die Strecke der Überfahrt beträgt nur 4,5 km. Bis zu sechs Fähren pendeln an 365 Tagen im Jahr 24 Stunden hin und her. Die private Kursschifffahrt zwischen **Allensbach** und **Reichenau** (www.schifffahrtbaumann.de) verkehrt nur April bis Mitte Oktober, und die Schiffe zwischen **Wallhausen** und **Überlingen** (www.personenschifffahrt-bodensee.de) legen im Stundentakt ab. Beide Schiffsverbindungen befördern nur Personen und Fahrräder. Eine superschnelle Verbindung zwischen **Konstanz** und **Friedrichshafen** bietet der Katamaran (nur Personen- und Fahrräder, www.der-katamaran.de). Die Kursschiffe der Weißen Flotte verbinden die wichtigsten Seeorte und Ausflugsziele von April bis Mitte Oktober. Auch interessante Rund- und Ausflugsfahrten werden angeboten (www.bsb.de).

Die **Bodensee Card Plus Sommer** ist für drei oder sieben Tage erhältlich und kann flexibel innerhalb der Saison benutzt werden. Sie bietet freien Eintritt zu über 160 Sehenswürdigkeiten sowie bei der 3-Tages-Karte an zwei Tagen und bei der 7-Tageskarte an vier Tagen freie Fahrt auf den Schiffen der Bodensee Kursschifffahrt.

Die **Winterversion** der Karte bietet freien Eintritt zu 60 Attraktionen an drei frei wählbaren Tagen. Sie ist bei vielen Tourist-Informationen oder online zu erwerben (www.bodensee.eu).

Zollbestimmungen

EU-Mitgliedstaaten wie Deutschland und Österreich verlangen, dass Barmittel (dazu zählen Reiseschecks, Aktien, Obligationen, Zahlungsanweisungen, fällige Zinsscheine, Solawechsel und Schuldverschreibungen) ab 10 000 Euro oder andere Währungen mit gleichem Gegenwert bei der Ein- und Ausreise ohne Aufforderung angemeldet und deklariert werden. Das Mitführen von Waffen ist nicht erlaubt.

Schweiz und Fürstentum Liechtenstein: Die Höchstmengen für die Einfuhr von Tabakwaren und alkoholischen bzw. alkoholhaltigen Getränken für Personen ab 17 Jahren sind 250 Gramm loser Tabak oder 250 Zigaretten oder Zigarren, 1 l alkoholische Getränke mit mehr als 18 % Vol. und 5 l alkoholische Getränke bis 18 % Vol. Es gibt keine Beschränkungen bei der Ein- und Ausfuhr von Bargeld.

Deutschland und Österreich: Es gibt im Reiseverkehr innerhalb der Europäischen Union keine Beschränkungen abgabenrechtlicher Art für im Reisegepäck mitgeführte Waren zu privaten Zwecken, die ausschließlich für den Eigenbedarf genutzt werden. Als Eigenbedarf für Personen (lt. www.bmf.gv.at) ab 17 Jahren dürfen folgende Mengen an Tabak und alkoholischen Getränken mitgeführt werden: 250 g loser Tabak oder 200 Zigaretten oder 100 Zigarillos oder 50 Zigarren, 1 l alkoholische Getränke mit mehr als 22 % Vol., 2 l alkoholhaltige Süßgetränke (Alkopops), »Zwischenerzeugnisse« wie Likörwein, Wermutwein, Madeira, Sherry, Portwein oder Campari, 4 l Wein (hiervon max. 60 l Schaumwein bzw. Sekt), 16 l Bier.

Die Geschichte des Bodenseeraums

4000–850 v. Chr. Pfahlbausiedlungen in der Stein- und Bronzezeit
15. v. Chr. Beginn der Römerzeit am »Lacus Brigantinus« (Bregenzer See)
3. Jh. Ansiedlungen der Alemannen
um 585 Konstanz wird Bischofssitz
um 590 Die Wandermönche Kolumban und Gallus gehen auf Missionsreise und treffen um 610 am See ein
um 720 Gründung Benediktinerkloster St. Gallen durch Priester Otmar
724 Pirminius gründet Benediktinerkloster auf der Reichenau
ab 746 Die Karolinger gründen die Pfalz Bodema, daher stammt die Namensgebung des Sees
1273 Unter König Rudolf I. von Habsburg gehen Teile des Bodenseegebiets an Vorderösterreich
1414–1418 Das Konstanzer Konzil beschließt das Ende der Kirchentrennung, Martin V. wird 1417 Papst
1415 Reformator Jan Hus wird in Konstanz als Ketzer verbrannt
1499 Schweizer Eidgenossen grenzen sich vom Habsburger Herrschaftsgebiet ab
1521 Reformation in Konstanz
1525 Der »Seehaufen« kämpft im Bauernkrieg gegen Leibeigenschaft
1526 Meersburg wird Residenz der Konstanzer Fürstbischöfe
1547 Kaiser Karl V. besiegt die evangelischen Reichsstädte, Konstanz wird wieder katholisch
1618–1648 Im Dreißigjährigen Krieg besetzen die Schweden Buchhorn, Bregenz und die Mainau
1648 Im Westfälischen Frieden wird die Schweiz ein unabhängiger Staat
1699 Johann Adam Andreas von Liechtenstein erwirbt Schellenberg
1719 Unter Kaiser Karl VI. werden Vaduz und Schellenberg zum »Reichsfürstentum Liechtenstein« erhoben
1803 Der Reichdeputationshauptschluss hebt geistliche Fürstentümer auf
1806 Napoleon teilt das Bodenseegebiet in Baden, Württemberg und Bayern auf
1814 Vorarlberg geht an Österreich
1824 Erstes Dampfschiff auf dem See
1848 Märzrevolution, Friedrich Hecker proklamiert in Konstanz die erste Deutsche Republik, was scheitert
1900 Erster Zeppelinflug
1943/44 Friedrichshafen wird wegen seiner Rüstungsindustrie bombardiert
1983–2011 Stiftsbezirk St. Gallen, Klosterinsel Reichenau und Pfahlbauten werden zum UNESCO-Weltkulturerbe
1997 Jungfernflug Zeppelin NT über Friedrichshafen
2014–2018 Konstanz zelebriert das Jubiläum »600 Jahre Konstanzer Konzil«
2022 IRIS-T SLM, das erste Exemplar der europäischen Hightech-Waffe für Luftabwehr von Diehl Defence in Überlingen, wird an die Ukraine geliefert

Wandmalerei im Konstanzer Konzilgebäude, dem Schauplatz der einzigen Papstwahl nördlich der Alpen (1417)

Register

A

ADAC Traumstraße 52
Affenberg Salem 30, 96
Alkohol 179
Alpschaukäserei Schwägalp, Säntis 146
Alte Burg Meersburg 97
Altes Rathaus, Lindau 117
Appenzell 146, 169
Arbon 159, 169
Archäologisches Landesmuseum, Konstanz 70
Auto 173
Autobau Erlebniswelt, Romanshorn 161

B

Baden 180
Badhütte Rorschach 158
Bahn 173, 182
Balzers 141, 143
Barocke Parkanlagen 34
Barockkirche St. Martin, Langenargen 113
Barrierefreies Reisen 175
Basilika Birnau, Uhldingen-Mühlhofen 95
Basilika Weingarten 111
Beste Reisezeit 18, 177
BodenseeErlebniskarte Sommer 90
Bodensee-Vorarlberg Freizeitkarte 127
Bodman-Ludwigshafen 90, 122
Bregenz 126, 135
- Festspielhaus und Seebühne 128
- Gebhardsberg 129
- Kloster Mehrerau 129
- Kunsthaus Bregenz 127
- Martinsturm und Martinskapelle 128
- Nepomuk- und Seekapelle 128
- Oberstadt 128
- Pfänder 130
- Pfarrkirche St. Gallus 128
- Vorarlberg Museum 128

Burg Gutenberg, Balzers 142
Burg Hohenklingen, Stein am Rhein 166
Bus 173, 182

C

Camping 182

D

Dampflock »Rosa«, Heiden 157
Dampfschifffahrt 50
Diessenhofen 167, 170
Dornbirn 131, 135
Dornier Museum, Friedrichshafen 103

E

Echt Bodensee Card 90
Einkaufen 26
Einreise und Dokumente 173
Eriskirch 111
Ermatingen 164, 170
Events 178

F

Fähranleger Meersburg 52
Fähren 183
Farm-to-Table 22
Feiertage 175
Feldkirch 134, 135
Felsenfahrt, Rheinfall bei Neuhausen 168
Ferienwohnungen 182
Festivals und Events 178
Festspielhaus, Bregenz 128
Festungsruine Hohentwiel 84
Feuerwehrmuseum, Kreuzlingen 162
Flugzeug 173
Freizeit- und Tierparks 28
Friedrichshafen 100, 123
- Dornier Museum 103
- Kulturufer 107
- Schauhaus im Zeppelindorf 104
- Schloss und Schlosskirche 101
- Schulmuseum 101
- Seehasenfest 108
- Zeppelin Denkmal 102, 162
- Zeppelinflug 107
- Zeppelin Hangar 104
- Zeppelin Museum 102
- ZF Forum 104

Führerschein 174
Fürstliche Hofkellerei, Vaduz 139

G

Gaienhofen 81, 87
Gallusplatz, St. Gallen 150
Gartenkunst 32
Gästekarte Friedrichshafen 101
Gästekarte OSKAR 149
Gastronomie 22
Gebhardsberg, Bregenz 129
Geld und Währung 175
Gesundheit 176
Goldbacher Stollen, Überlingen 93
Gottlieber Hüppen 25

H

Hagnau 99, 123
Haldenbergkapelle 107
Haustiere 176
Haus zum Cavazzen, Lindau 118
Haus zur Kunkel, Konstanz 70
Heiden 156, 169
Heilig-Blut-Reliquie 111
Henry-Dunant-Museum, Heiden 156
Hesse-Museum und Hermann-Hesse-Haus, Gaienhofen 82
Historisches Museum, Arbon 160
Historisches und Völkerkunde-museum, St. Gallen 152
Hohenems 132, 135
Hohentwiel 130
Hohentwielfestival Singen 86
Höri-Bülle 76
Hotels 182
Hus-Museum, Konstanz 72

I

Imperia, Konstanz 36, 67
inatura, Dornbirn 131
Information 176
Insel Mainau 32, 78
Insel Reichenau 79, 87
Insel Werd 166
Internet 181

J

Jüdisches Museum, Hohenems 132
Jüdisches Viertel, Hohenems 133
Jugendherbergen 182

K

Karren, Dornbirn 132
Kinder im Auto 174
Kleiner Rheinfall Rundweg 168
Klima und beste Reisezeit 177
Klosterinsel Reichenau 80
Kloster Mehrerau, Bregenz 129
Kloster Salem 96
Konstanz 66
- Archäologisches Landesmuseum 70
- Bodensee-Therme 77
- Haus zur Kunkel 70
- Hus-Museum 72
- Imperia 67
- Konzilgebäude 46, 70
- Kostümführungen 76
- Kultur-Rädle 77
- Münster Unserer Lieben Frau 71
- Rosgartenmuseum 72
- Sea Life Konstanz 72
- Seenachtfest 76
- St. Stephan 72, 119
- Weiße Flotte 73
- Wollmatinger Ried 74

Konstanzer Bodensee-Therme 77
Konstanzer Konzil 42
Konstanzer Seenachtfest 76
Konzilgebäude 46
Konzilgebäude, Konstanz 70
Kosten im Urlaub 176
Kressbronn 114, 123
Kreuzlingen 162, 170
Kunst Halle, St. Gallen 153
Kunsthaus Bregenz 127
Kunstmuseum Liechtenstein mit Hilti Art Foundation, Vaduz 139
Kunstmuseum Singen 84
Kunstmuseum, St. Gallen 152

L

Landschaftsgärten 35
Landshut (Flugzeug) 102
Langenargen 112, 123
Lenk, Peter 36, 70
Lenk-Skulpturen 36
Liechtenstein, Jubiläum 48
Liechtensteinisches Landesmuseum, Vaduz 139
Lindau 116, 123
- Altes Rathaus 117
- Haus zum Cavazzen 118
- Lindauer Hafeneinfahrt 117
- Maximilianstraße 119
- Peterskirche 119
- Stadtführung 121
- Stadttheater 118
- St. Marien 118
- St. Stephan 119

Lindauer Hafeneinfahrt 117
Locorama, Romanshorn 161
Lokremise, St. Gallen 154
Luftschiff 44

M

MAC Museum Art &Cars, Singen 85
Maggi-Museum, Singen 85
Malbun 140, 143
Markthalle Altenrhein 159
Martinskapelle, Bregenz 128
Martinsturm, Bregenz 128
Maut 174
Maximilianstraße, Lindau 119
Meersburg 70, 97, 122
Münster Unserer Lieben Frau, Konstanz 71
Münster Unserer Lieben Frau, Radolfzell 83
Museum am Hafen, Romanshorn 161
Museum Haus Dix 82, 103
Museum im Kornhaus, Rorschach 158
Museum im Lagerhaus, St. Gallen 154
Museum im Malhaus, Wasserburg 115
Museum Reichenau 80
Museumsviertel Ravensburg 110

N

Nachtleben 177
NaturErlebnispark Schwägalp/ Säntis 146
Nepomuk- und Seekapelle, Bregenz 128
Neues Schloss Meersburg, Meersburg 98
Neues Schloss Tettnang 108
Neuhausen am Rheinfall 170
Notfall 177

O

Öffnungszeiten 179

P

Palast Hohenems 133
Papstwahl 46
Parken 175
Pensionen 182
Peterskirche, Lindau 119
Pfahlbaumuseum Unteruhldingen 94
Pfänder 130
Pfarrkirche St. Gallus, Bregenz 128
Planetarium - Sternwarte, Kreuzlingen 162
Preise 176

R

Radfahren 180
Radolfzell 83, 87
Rappenlochschlucht 132
Rauchen 179
Ravensburg 109
Ravensburger Spieleland 111
Regenwetter 31
Rheinfall bei Neuhausen 167
Rolls-Royce Museum, Dornbirn 131
Romanshorn 160, 169
Rorschach 157, 169
Rosgartenmuseum, Konstanz 72

S

Salem 96
Säntis 146
Säntispark, St. Gallen 155
Säntis-Schwägalp 169
Saurer Museum, Arbon 159
Schattenburg und Schattenburg-Museum, Feldkirch 134
Schatzkammer Liechtenstein, Vaduz 138
Schauhaus im Zeppelindorf 104
Schiffe 183

Schifffahrt 51
Schloss Arenenberg 165, 170
Schloss Girsberg, Kreuzlingen 163
Schloss Heiligenberg 96
Schloss Langenstein 86
Schloss Mainau mit Schlosskirche St. Marien 78
Schloss Montfort, Langenargen 112, 113
Schloss Salem 96
Schloss und Schlosskirche, Friedrichshafen 101
Schloss Vaduz 138
Schmetterlingshaus, Insel Mainau 78
Schubertiade, Hohenems 133
Schulmuseum, Friedrichshafen 101
Sea Life Konstanz 72
Seebühne, Bregenz 128
Seefahrzeuge 179
Seehasenfest, Friedrichshafen 108
Seemuseum, Kreuzlingen 162
Seenachtfest, Konstanz 40
Sicherheit 180
Singen 70, 84, 87, 103
Sipplingen 91, 122
Souvenirs 180
Spieldosenkabinett, St. Gallen 151
Sport 180
Stadtlounge »Roter Platz«, St. Gallen 153
Stadttheater, Lindau 118
Stadttheater, St. Gallen 152
Steckborn 165, 170
Steckdose 181
Stein am Rhein 166, 170
St. Gallen 148, 169
- Gallusplatz 150
- Historisches und Völkerkundemuseum 152
- Kunst Halle 153
- Kunstmuseum 152
- Lokremise 154
- Museum im Lagerhaus 154
- Pfahlbauten 151
- Spieldosenkabinett 151
- Stadtlounge »Roter Platz« 153
- Stadttheater 152
- Stiftsbezirk St. Gallen 149
- Stiftsbibliothek 150
- Stiftskirche St. Gallen 150
- St. Laurenzen Kirche 151
- Textilmuseum 153
- Tonhalle 152
- Vadian-Denkmal 151
Stiftsbezirk St. Gallen 149
Stiftsbibliothek, St. Gallen 150
Stiftskirche St. Gallen 150
St. Johannes Baptist, Hagnau 99
St. Laurenzen Kirche, St. Gallen 151
St. Marien, Lindau 118
St. Nikolaus, Überlingen 93
Stockach 90, 122
Straßennetz 174
Strom 181
St. Stephan, Konstanz 72
St. Stephan, Lindau 119

T

Telefon 181
Tettnang 108
Textilmuseum, St. Gallen 153
Tonhalle, St. Gallen 152
Traumgärten 32
Triesenberg 140, 143

U

Überlingen 70, 92, 122
Übernachten 87, 122, 135, 143, 169, 182
Übernachten mit Kindern 28
Uhldingen-Mühlhofen 94, 122
Unfall 175
Unterkunft und Hotels 182
Urlaubskasse 29

V

Vadian-Denkmal, St. Gallen 151
Vaduz 138, 143
- Fürstliche Hofkellerei 139
- Kunstmuseum Liechtenstein mit Hilti Art Foundation 139
- Liechtensteinisches Landesmuseum 139
- Schatzkammer Liechtenstein 138
- Schloss Vaduz 138
Vergünstigungen 29
Verkehrsmittel 182
Verkehrsvorschriften 174
vineum bodensee, Meersburg 98
Vorarlberg Museum, Bregenz 128

W

Walsermuseum in Triesenberg 140
Wandern 180
Wasserburg 115, 123
Wassersport 180
Weiße Flotte 50
Wildpark Allensbach 30
Wildpark Feldkirch 134
Winzerverein Hagnau 99
Wollmatinger Ried 73, 74

Z

Zeppelin, Ferdinand 44
Zeppelin Denkmal, Friedrichshafen 102, 162
Zeppelinflug 107
Zeppelin Hangar, Friedrichshafen 104
Zeppelin Museum, Friedrichshafen 102
Zeppelin-Praline 27
ZF Forum, Friedrichshafen 104
Zollbestimmungen 183

Bildnachweis

Titel: Leuchtturm in der Hafeneinfahrt von Lindau am Bodensee
Foto: **Huber Images** (Olimpio Fantuz)
Rücktitel: stock.adobe.com (Jan)

© **mph:** 2, 3.2 – **Adler Erlebnistour:** 63.3, 141 – **AdobeStock:** Jan Schuler 2/3, 52; JM Soedher 3.1; mmuenzl 8/9; inesbodensee 10; Lightfield Studios 31; Waldteufel 34, 61.3, 89, 142; Archivist 44.2; Manuel Schönfeld 57, 95, 109, 112, 126/127; 60.1; Marcus Hofmann 66/67; VRD 74; Hetizia 82; andreaskoch02 85; Jürgen-Fälchle 93; fotoping 100/101; mojolo 113; Photo Feats 133; Brinniant Eye 154 – **Appenzellerbahnen.ch:** 156 – **Autobau Erlebniswelt:** 161 – **Bodensee-Schiffsbetriebe GmbH:** 50 – **Bregenzer Festspiele/Anja Köhler:** 62.1, 125.1 – **CC BYSA 3.0:** Wolfgang Hauser (creativecommons.org/licenses/by-sa/3.0) 38.2 – **Dornier Museum:** 103 – **Hotel Wunderbar:** 170 – **Huber Images:** Reinhard Schmid 4, 12/13, 14/15, 20, 46, 56; Christof Sonderegge 152 – IBT Bregenz: 125.4 – **Insel Mainau:** Peter Allgaier 79 – **Jahreszeiten Verlag:** P. Koschel 9.1, 9.2, 60.2, 61.2, 65.3, 102, 105; A. Selbach 61.1, 62.3, 65.1, 65.2, 65.4, 71, 73, 76, 77, 80, 94, 97, 99, 184 – **Küfestüble:** 81 – **KWA Parkstift Rosenau:** 35 – **Lago:** 75 – **Liechtensteinisches Landesmuseum:** 138 – **Lookphotos:** Andreas Strauß 21; Daniel Schoenen 22; Georg Knoll 24; Thomas Stankiewicz 55; travelstock44 58/59 – **mauritius images:** imageBROKER/Daniel Schoenen 4, 16/17; Westend61/Holger Spiering 28, 40; Markus Lange 5, 32; imageBROKER/Siegfried Kuttig 36; imageBROKER/H.-D. Falkenstein 42; Science Source/Tomsich 43.1; JT Vintage 44.1; United Archives 45; The Picture Art Collection/Alamy 47; volkerpreusser/Alamy 54; imageBROKER/Katja Kreder 63.1, 114, 118; Blickwinkel 63.2; Ernst Wrba 120/121; Kim Petersen/Alamy 137.1; BY 7, 137.4; Werner Dieterich/Alamy 163; Roland T. Frank 164 – **Museum Ravensburg:** 110 – **Napoleonmuseum Thurgau:** 165 – **Dirk Patschkowski:** 86 – **picture alliance:** Patrick Seeger 38.1; Felix Kästle/dpa 39; Arco Images GmbH 41 – **PR:** Michael Weiss 27; Stadtwerke Konstanz GmbH 51 – **seasons.agency:** Jalag/G. Frühauf-Gollnek 23; Gräfe & Unzer Verlag/J. Rynio 25.1; Gräfe & Unzer Verlag/B. Nikolai 25.2; Jalag/P. Koschel 26; Jalag/Arthur F. Selbach 33 – **Seehotel Kaiserstrand:** 135 – **Shutterstock:** Horst Lieber 6.1, 107; gevision 6.2, 145.1; Robert Schneider 11, 91; Maria Uspenskaya 18; AK-Snapshot 5, 19; mimagephotography 29; taramara78 30; Boris Stroujko 48; Lukasz Janyst 49; trabentos 83, 125.2, 125.3, 134, 192; LaMiaFotografia 116/117, 159; ABC Photo 131; EQ Roy 137.2, 145.2; umwelttrenz 137.3; Peter Stein 147; Kai Brosinsk 167; Denis Linine 168; S. Kuelcue 178 – **Stadt Friedrichshafen:** 62.2, 108 – **Tourismus St. Gallen:** 148/149, 150, 151, 155, 157

Markenlizenz der ADAC Medien und Reise GmbH, München

ISBN 978-3-95689-865-5

2., unveränderte Auflage 2024

Autorin: Margrit Philipp
Redaktion: Juliane Helf, Susanne Kronester-Ritter
Lektorat und Satz: Susanne Maute, mcp concept GmbH, Kolbermoor
Bildredaktion: Dr. Nafsika Mylona
Reihengestaltung: Eva Stadler, München; Independent Medien Design, Horst Moser, München
Kartografie: Kunth Verlag GmbH & Co. KG, München, Huber Kartographie GmbH, www.kartographie.de
Herstellung: Felix Robitsch, Mendy Willerich
Druck und Bindung: Drukarnia Dimograf Sp z o.o. Polen

GRÄFE UND UNZER

Ein Unternehmen der
GANSKE VERLAGSGRUPPE

Wichtiger Hinweis
Die Daten und Fakten für dieses Werk wurden mit äußerster Sorgfalt recherchiert und geprüft. Wir weisen jedoch darauf hin, dass diese Angaben häufig Veränderungen unterworfen sind und inhaltliche Fehler oder Auslassungen nicht völlig auszuschließen sind. Für eventuelle Fehler oder Auslassungen können Gräfe und Unzer, die ADAC Medien und Reise GmbH sowie deren Mitarbeiter und die Autoren keinerlei Verpflichtung und Haftung übernehmen. Alle Inhalte im Buch wenden sich an und gelten für alle Geschlechter (w/m/d). Soweit grammatikalisch männliche, weibliche oder neutrale Personenbezeichnungen verwendet werden, dient dies allein der besseren Lesbarkeit.

Ansprechpartner für den Anzeigenverkauf:
KV Kommunalverlag GmbH & Co. KG, MediaCenter München, Tel. 089/928 09 60

Bei Interesse an maßgeschneiderten B2B-Produkten:
b2b-kontakt@graefe-und-unzer.de

Leserservice
GRÄFE UND UNZER Verlag
Grillparzerstraße 12
81675 München
www.graefe-und-unzer.de

Umwelthinweis
Nachhaltigkeit ist uns sehr wichtig. Der Rohstoff Papier ist in der Buchproduktion hierfür von entscheidender Bedeutung. Daher ist dieses Buch auf PEFC-zertifiziertem Papier gedruckt. PEFC garantiert, dass ökologische, soziale und ökonomische Aspekte in der Verarbeitungskette unabhängig überwacht werden und lückenlos nachvollziehbar sind.

Unterwegs am Bodensee

Bodenseeschifffahrt

Bei einer Schifffahrt erleben Sie die Weite des Obersees und die Seenlandschaft des Untersees am besten. Oder Sie genießen einfach die Überfahrt zu einer der Bodenseeinseln. Die komfortablen Fährverbindungen über den See sparen viel Zeit.

■ Details auf S. 183

Radwege

In fünf Etappen führt der beliebte Bodensee-Radweg 260 km weit um den Bodensee herum. Oder Sie kombinieren eine Radrunde mit einer Schifffahrt. Auf nahezu allen Fähren und Schiffen kann man auch die Fahrräder mitnehmen.

■ Details und Kontakte auf S. 180

Seilbahn

Einen herrlichen Panoramablick auf den See und in die Alpen hinein erleben Sie vom Pfänder. Wenn Sie bei gutem Wetter auf den Säntis fahren, können Sie sogar bis nach Frankreich und Italien schauen.

■ Details auf S. 130 und S. 146

Segeln und Motorbootfahren

Selbst am Steuerrad oder der Steuerpinne eines Wasserfahrzeugs stehen, das dürfen am Bodensee nur Inhaber des Bodenseeschifferpatents.

■ www.bodenseekreis.de

Fahrrad und ÖPNV

Die Straßen am und um den Bodensee sind verkehrstechnisch fast alle überlastet. Konstanz z. B. bittet darum, möglichst das Fahrrad oder öffentliche Verkehsmittel zu nutzen. Einen Fahrradverleih gibt es hier am Hauptbahnhof.

■ Details auf S. 77

Reisen in Corona-Zeiten

Liebe Leserin, lieber Leser, durch die langen pandemiebedingten Einschränkungen im Hotel- und Gastronomiegewerbe können wir nicht ausschließen, dass einige der im Buch empfohlenen Adressen zum Zeitpunkt Ihrer Reise nicht mehr aktuell sind. Wenn Sie trotz unserer Bemühungen um Aktualität eine solche Adresse finden, teilen Sie uns diese bitte mit. Wir belohnen jede in die nächste Auflage aufgenommene Korrektur mit **einem kostenlosen Reiseführer Ihrer Wahl**. Zuschriften bitte an: adac@graefe-und-unzer.de